NZZ **LIBRO**

Werner Haug, Georg Kreis (Hrsg.)

ZUKUNFT DER MIGRATION

Reflexion über Wissenschaft und Politik

NZZ Libro

Bibliografische Information der Deutschen Nationalbibliothek

Die Deutsche Nationalbibliothek verzeichnet diese Publikation in der Deutschen Nationalbibliografie; detaillierte bibliografische Daten sind im Internet über http://dnb.d-nb.de abrufbar.

Lektorat: Simon Wernly, Langenthal
Umschlag: TGG Hafen Senn Stieger, St. Gallen
Gestaltung, Satz: Claudia Wild, Konstanz
Druck, Einband: Kösel GmbH, Altusried-Krugzell

ISBN 978-3-03810-241-0

www.nzz-libro.ch
NZZ Libro ist ein Imprint der Neuen Zürcher Zeitung

MIX
Papier aus verantwortungsvollen Quellen
FSC® C013736
FSC
www.fsc.org

Inhalt

Vorwort

Walter J. Weber

Während rund 20 Jahren förderte und begleitete die Stiftung für Bevölkerung, Migration und Umwelt (BMU) – die als Förderstiftung von einer ungenannt sein wollenden Person mit finanziellen Mitteln ausgestattet worden war – die nationale und internationale Migrationsforschung mit dem Ziel, das Wissen über die Ursachen und die Wirkungen der weltweiten, grenzüberschreitenden Wanderungen zu erweitern. Mit ihrer Tätigkeit versuchte die BMU, einen Beitrag zu einer Differenzierung und Versachlichung der Diskussion über Migration in Wissenschaft und Öffentlichkeit zu leisten und wissensbasierten politischen Lösungsansätzen den Boden zu bereiten. Dabei konnte sie sich in folgenden Bereichen besonders profilieren:

- Mitgründung und Begleitung von multidisziplinären nationalen Forschungsinstituten im deutschsprachigen Europa, die sich vor allem der Integrationsproblematik widmeten;
- Förderung individueller Forschungsprojekte;
- Forschungsförderung in Entsende- und Durchgangsstaaten an der EU-Grenze, insbesondere in Marokko, Polen und der Türkei;
- Anschubfinanzierung von international vergleichender Forschung zur Frage der Süd-Nord-Wanderung in Zusammenarbeit mit Metropolis International, einem globalen Verbund von universitären und staatlichen Einrichtungen, die sich mit Migrationsfragen beschäftigen;
- Unterstützung praxisorientierter Projekte zum Thema Migration vorwiegend in der Schweiz.

Die Tätigkeit der BMU konzentrierte sich in einer ersten Phase auf den europäischen und insbesondere den deutschsprachigen Raum und auf die Integrationsthematik, die damals noch ein Nischendasein in der Forschungslandschaft fristete. Nach dem im neuen Jahrtausend erfolgten Boom von Forschungsförderung in diesem Bereich konzentrierte sich die BMU auf jene Forschungszweige, die nur schwer zu finanzieren, aber zum Verständnis der Gesamtproblematik zentral sind: Forschungen international vergleichender Natur, welche die einzelstaatliche Engführung der Perspektive überwinden, sowie Forschungen über und aus der Sicht der Herkunfts- und Durchgangsländer, welche die dominante Perspektive der Aufnahmeländer zu komplementieren vermochten. Eine ausführlichere Würdigung der Tätigkeit der BMU und ihrer Stiftungsräte findet sich im Anhang dieser Publikation.[1]

Der Essayband «Zukunft der Migration – Reflexion über Wissenschaft und Politik» lässt Forscher zu Wort kommen, mit denen die BMU im Rahmen der von ihr geförderten Institutionen oder Forschungsprojekte zusammenarbeiten durfte. Es ist erfreulich, dass so viele Autorinnen und Autoren an dieser Abschlusspublikation der BMU mitgearbeitet haben. Ihnen allen danke ich herzlich für ihre Beiträge, ebenso wie den beiden Herausgebern, den Stiftungsräten Werner Haug und Georg Kreis, sowie dem langjährigen wissenschaftlichen Mitarbeiter der BMU, Urs Watter, für ihren grossen Einsatz bei der Koordinations- und Redaktionsarbeit.

Januar 2017
Walter J. Weber, Stiftungsratspräsident

1 Während ihrer Tätigkeit von 1993 bis 2016 hat die BMU einen Gesamtbetrag von rund 13,5 Mio. CHF ausgeschüttet: 5,1 Mio. CHF für die Institutionenbildung, 3,9 Mio. CHF für Forschungsprojekte, 2,7 Mio. CHF für die Forschungsförderung in Polen, in der Türkei und in Marokko, 885 000 CHF für international vergleichende Forschung in Zusammenarbeit mit Metropolis International und schliesslich rund 890 000 CHF für praxisorientierte Projekte wie Integrationsprojekte, Dokumentarfilme, Ausstellungen, Theatervorführungen, Events, Publikationen, Kampagnen usw.

Einführung

Werner Haug

Dieses Buch ist sowohl Rückblick wie auch Ausblick. Über mehr als 20 Jahre hinweg hat die Stiftung Bevölkerung, Migration und Umwelt (BMU) die wissenschaftliche und gesellschaftspolitische Auseinandersetzung mit den kulturellen und strukturellen Ursachen, Wirkungen und Bedeutungen der Migration gefördert, in der Absicht, zur Versachlichung und Differenzierung des öffentlichen Diskurses über Migration beizutragen und dabei Positionen aus den Emigrations- wie den Immigrationsgesellschaften einzubeziehen.

Die Autoren der einzelnen Beiträge arbeiten heute an Universitäten oder spezialisierten Instituten der Migrationsforschung, sie sind in der Politikberatung und internationalen Organisationen tätig. Sie haben alle während ihrer Laufbahn in der einen oder anderen Form mit der Stiftung BMU zusammengearbeitet, entweder als Leiter von Institutionen und Programmen, die von der BMU gefördert wurden, als Lehrende, als einzelne Forscher und Forscherinnen oder als Mitglieder des Stiftungsrats.

Einwanderung, Integration und Asyl sind Themen, die in Medien und Öffentlichkeit oft einseitig mit Gefahr und Konflikt assoziiert und zur Mobilisierung von Wählerstimmen politisch ausgeschlachtet werden. Der vorliegende Band ist der Überzeugung verpflichtet, dass gerade die komplexen und rasch veränderlichen Trends der internationalen Migrationen nach regelmässiger Forschung, informierten öffentlichen Debatten und politischen Massnahmen rufen, die sicherstellen, dass die positiven Auswirkungen der Migration die negativen Auswirkungen sowohl in den Herkunfts- wie in den Einwanderungsgesellschaften übertreffen.

Die Herausgeber haben die Autoren eingeladen, kurze, einfach verständliche Essays zu schreiben über das Verhältnis von Migrationsforschung und Politik oder über die Zukunftsaussichten der Migration. Die Beiträge sind aus der Perspektive verschiedener wissenschaftlicher Disziplinen abgefasst. Sie illustrieren sowohl die Vielschichtigkeit der Migrationen und der damit verbundenen Herausforderungen wie auch die Vielfalt der Blickwinkel und Standpunkte. Bewusst stehen tagesaktuelle Ereignisse wie die Flüchtlingskrise in Europa oder länderspezifische Analysen nicht im Vordergrund, obwohl einzelne Beiträge durchaus darauf Bezug nehmen. Es geht darum, einen Schritt zurückzumachen und festzuhalten, was wir über Migration wissen, was sich verändert hat und was die Zukunft möglicherweise bringen wird. Verschiedene Beiträge berühren mehrere Themen, dennoch sind sie nach drei Schwerpunkten gruppiert: Wissenschaft und Politik, migrationspolitische Herausforderungen und Zukunft der Migration. Als Einführung in den Band werden die zentralen Thesen der einzelnen Beiträge kurz zusammengefasst, mit dem Fokus auf übergreifende und komplementäre Aussagen und Gesichtspunkte.

Wissenschaft und Politik

Georg Kreis stellt in seinem Beitrag die wissenschaftskritische Frage, was denn Geschichte zum Verständnis von Migration beitragen kann. Geschichte zeigt nicht nur die grossen Kontinuitäten auf, sondern erinnert auch an Diskontinuitäten und Gestaltungsmöglichkeiten. Professionelle Migrationsgeschichte untersucht die vielfältigen Ursachen und Erscheinungsformen der Migration und erlaubt ein auf Verständnis ausgerichtetes Fragen und Antworten. Dies unterscheidet sie grundsätzlich von den Laienexkursen in die Geschichte, die historisch fragwürdige Bilder reaktivieren (neue Völkerwanderung, Unterwanderung des Abendlandes usw.), die dazu dienen, vorgefasste Meinungen und in der Gegenwart aufgebaute Vorurteile zu bestätigen. Allerdings bleibt Kreis skeptisch, ob die Beiträge der Geschichtswissenschaft in der Öffentlichkeit auch wirklich genügend gehört und genutzt werden, und er sieht neben der «Bringschuld» der Wissenschaft auch eine «Holschuld» der Gesellschaft.

Marek Kupiszewski und *Dorota Kupiszewska* geben einen Überblick zu den Kernbotschaften europäischer Migrationsforscher. Sie konstatieren eine immer stärkere Komplexität und Differenzierung des Phänomens Migration, das zunehmend von den kurzfristigen Wanderungen einer hypermobilen Bevölkerung überlagert wird. Die Migrationsszene hat sich entsprechend verändert in Richtung einer von Globalisierung, wachsender Marktkonkurrenz und der Nachfrage nach günstigen Arbeitskräften getriebenen Migration. Die Zielländer stehen vor der schwierigen Aufgabe, die richtige Balance zu finden zwischen restriktiver und einladender Migrationspolitik, die beide unbeabsichtigte Folgen zeigen können. Wenig beachtet wird der Befund, dass die Legalisierung von Migration die Rückkehr der Migranten in ihre Herkunftsländer begünstigt. Die Forschung belegt auch, dass integrationspolitische Massnahmen mit Vorteilen für alle Beteiligten zur Verringerung sozialer und interethnischer Spannungen beitragen. Kosten und Nutzen der Migration bleiben jedoch ungleich verteilt. Migration nützt eher den wohlhabenderen Staaten und Regionen, zulasten der ärmeren und der lokalen Ebene. Migration hat sehr wohl das Potenzial positiver Wirkung für die Migranten selbst, für die Aufnahmegesellschaften und für die Herkunftsregionen. Damit sich eine solche Win-win-Situation einstellt, muss aber eine ganze Reihe von Voraussetzungen erfüllt sein.

Ausgehend von ihren Erfahrungen im schweizerischen Kontext stellen *Denise Efionayi-Mäder* und *Janine Dahinden* die Frage, ob sich mehr Forschung und eine stärkere Institutionalisierung in einer besser informierten Öffentlichkeit und Politik niederschlagen. Denise Efionayi-Mäder beschreibt die zunehmende Internationalisierung der Migrations- und Integrationsforschung im Rahmen von EU und OECD. Ihr steht aber eine Renationalisierung der Politik gegenüber. Faktengestützte Orientierungen und Argumente finden zwar in der Bildungs-, Arbeitsmarkt- und Gesundheitspolitik Gehör, aber sie erreichen immer weniger die Politiker, die unter starkem Handlungsdruck von Medien und Öffentlichkeit stehen und vermehrt vereinfachende und ideologisch geprägte Positionen vertreten. Die Autorin spricht von einer eigentlichen Wissenskluft zwischen Forschung, Öffentlichkeit und Politik, die durch den Wandel der Medienlandschaft und die neuen Kommunikationsformen gefördert wird. Entsprechend plädiert sie für das Suchen nach neuen Formen der Wissensvermittlung und des Dialogs zwischen Forschung und Politik.

Janine Dahinden erinnert daran, dass der Diskurs über Migration immer noch von der Institutionalisierung der modernen Nationalstaaten geprägt ist, die eine natürlich gegebene Unterscheidung zwischen «Eigenen» und «Anderen» nahelegt. Die Migrations- und Integrationsforschung steht in Gefahr, die so geschaffenen Kategorien unreflektiert zu übernehmen, wenn sie den Fokus auf die Differenz von MigrantInnen und NichtmigrantInnen oder von AusländerInnen und Einheimischen legt, statt auf die gesamte Bevölkerung und die Heterogenität auch scheinbar «gleicher» Gruppen. Dahinden tritt für eine kritisch-reflexive und differenzierende Perspektive ein, die Migration einerseits als Teil staatenübergreifender gesellschaftlicher Prozesse versteht und auf der anderen Seite den Nationalstaat an seinem Anspruch misst, für alle Bürger und Bürgerinnen – unabhängig von Herkunft und kultureller Prägung – gleiche Bedingungen der Teilhabe und Entwicklung zu garantieren.

Migrationspolitische Herausforderungen

Bekanntlich gibt es für Menschen zwar ein Recht auf Emigration, aber kein Recht auf Immigration. In diesem Paradox liegt das ganze Spannungsfeld der Migrationspolitik begründet. Es gibt Menschen, die ihr Leben riskieren müssen, wenn sie ihr Recht auf Emigration geltend machen wollen. Es gibt Staaten, die die Auswanderung ihrer Bürger fördern, und Menschen, die zur Auswanderung gezwungen werden. Auf der anderen Seite möchten viele Menschen auswandern oder sind ausgewandert, haben aber keine legalen Immigrationschancen. Fast alle Staaten versuchen, Zuwanderung in der einen oder anderen Form zu begrenzen, indem sie Immigration zwar begrüssen, aber nur bestimmte Gruppen zulassen oder Immigration generell stark einschränken. Viele Migrantinnen und Migranten leben daher in einer unsicheren Situation, sie werden diskriminiert, sind abhängig von Vermittlern und undurchsichtigen administrativen Prozessen, oder sie müssen gar befürchten, zurückgeschickt oder deportiert zu werden. Wenn es einen migrationspolitischen Konsens gibt, dann jenen, dass Migrationen wenn möglich nicht ungeordnet verlaufen sollten, sondern in geregelten Bahnen, unter Anerkennung grundlegender Menschenrechte und von einem transparenten «Migrationsmanagement» gesteuert. Aber was heisst das, und wo liegen die heutigen Herausforderungen?

Houria Alami Mchichi zeigt, wie sich im europäischen Kontext das Bild des Migranten gewandelt hat, indem der Begriff des Migranten immer häufiger mit «Muslim» oder gar «Terrorist» assoziiert wird. Damit ist der Migrant als kulturell «Anderer» und als Sicherheitsrisiko abgestempelt. In der Tat hat sich das Gesicht der Migration geändert, und viele Migranten in Europa kommen heute aus mehrheitlich islamisch geprägten Ländern. Bereits in den 1950er- und 1960er-Jahren wurden Arbeitskräfte aus ehemaligen Kolonialgebieten und aus der Türkei rekrutiert. Diese hatten die Absicht, später zurückzukehren, und waren daher eher bereit, Diskriminierung und Marginalisierung zu akzeptieren. Dies änderte sich jedoch, als sich muslimische Migranten einen dauerhaften Platz in den Aufnahmegesellschaften erobern mussten. Das Streben nach Anerkennung und

Gleichstellung verband sich mit «identitären» Forderungen, die vor allem auch im religiösen Zusammenhang geäussert wurden. Dies weckte wiederum Zweifel an der Integrationsbereitschaft von Muslimen, die sich immer mehr an der Präsenz und Sichtbarkeit des Islam kristallisierten. Ausgelöst durch die Kriege und Spannungen im Nahen Osten entstanden neue geopolitische Herausforderungen, und die durch Muslime begangenen Attentate gaben einer schleichenden Islamophobie Auftrieb. Dabei zeigt sich die historische Kontinuität der Argumente zur Ablehnung von Migranten in Zeiten von Krisen. Ist die Integration zum Scheitern verurteilt? Houria Alami Mchichi betont, dass sich Integration bei Weitem nicht nur an religiösen Fragen messen lässt. Und sie sieht Chancen darin, dass sich der Islam im säkularen Kontext Europas in seinem Verhältnis zu Demokratie, Menschen- und Frauenrechten modernisiert und weiterentwickelt.

Malika Benradi stellt die Genderperspektive der Migration ins Zentrum. Sie erinnert daran, dass sich die Stellung der Frau in der Migration gewandelt hat: von der «unsichtbaren» Frau, die zu Hause bleibt oder ihrem Ehemann folgt, zur Frau als selbstständiger Akteurin der Migration. Die Forschung zeigt, dass Migration sowohl Raum schaffen kann für eine Stärkung der Stellung der Frau als auch Raum für neue Abhängigkeiten und Verletzbarkeit. In dieser Situation befinden sich insbesondere Migrantinnen aus Entwicklungsländern, die als Hausangestellte oder im Sexgewerbe tätig sind. Beides sind Branchen, die durch die Globalisierung stark gewachsen sind und in denen vor allem Verfügbarkeit und Gehorsam gefragt sind. Oft sind die Frauen papierlos, arbeiten schwarz und werden Opfer von Ausbeutung, Betrug und Gewalt. Insbesondere in asiatischen Ländern hat der Handel mit Frauen vielfältige Formen eines neuen «Sklavenhandels» angenommen. Aber auch in den Golfstaaten sind Migrantinnen Opfer, wobei das System der persönlichen «Bürgschaft» ihnen den staatlichen Schutz entzieht. Der Kampf für die Rechte von Migranten und Migrantinnen und gegen Menschenhandel bleibt daher ein zentrales Anliegen der Migrationspolitik sowohl in den Herkunfts- wie den Aufnahmeländern.

Friedrich Heckmann stellt die Integration der über eine Million Flüchtlinge, die 2015/16 nach Deutschland kamen, ins Zentrum. Dabei geht er von den früheren Erfahrungen bei der Integration von Migranten aus. Diese können als relativ erfolgreich gelten, vor allem seit Deutschland eine offene und realistische Migrations- und Integrationspolitik verfolgt. Für die Integration der Flüchtlinge von 2015/16 sind nach Heckmann massive materielle, soziale und kulturelle Investitionen nötig. Zudem vergrössern sie das Arbeitskräfteangebot gerade im unqualifizierten Bereich, der mit weiter sinkender Nachfrage rechnet. Da die Flüchtlingszuwanderung ungesteuert und massiv erfolgte, könnten Ressourcen- und Kapazitätsengpässe entstanden sein, welche die Integration verzögern oder sogar verhindern. Heckmann erwartet, dass es in der nächsten Zeit zu «Minderheitenbildung» kommt, bevor eine erfolgreiche Integrationsdynamik greifen kann. Auch die gewonnene Offenheit Deutschlands als Einwanderungsland könnte durch die Mobilisierung des latent vorhandenen Rassismus und ethnozentrischer Haltungen gefährdet sein.

Die Frage nach Kosten und Nutzen der Immigration ist ein Dauerbrenner der migrationspolitischen Diskussion. *George Sheldon* untersucht aufgrund von schweizerischen Daten, welche Steuern und Sozialversicherungsabgaben Zugewanderte bezahlen, und stellt diese den Leistungen und Beiträgen gegenüber, die sie beziehen (sogenannte Fiskalbilanz). Da eine rein statische Sichtweise die längerfristige Auswirkung der aktuellen Zuwanderung nicht richtig abbilden kann, verwendet er ein dynamisches Modell. Die demografische Analyse zeigt, dass Neuzuwanderer deutlich jünger sind als bereits ansässige Migrantinnen und Migranten. Trotzdem altert die Migrationsbevölkerung, und dies kann auch durch die jungen Neuzuwanderer nicht aufgehalten werden. Die Analyse nach Herkunft zeigt ein stark unterschiedliches Bildungsniveau und Rückkehrverhalten der in der Schweiz lebenden Migranten. Sheldons Schlussfolgerung lautet: «Hochqualifizierte kommen und gehen, während Niedrigqualifizierte kommen und bleiben.» Dies spiegelt sich in der Fiskalbilanz: Hochqualifizierte, mobile Migranten aus nördlichen EU/EFTA-Staaten und aus Ländern ausserhalb Europas haben eine eindeutig positive Fiskalbilanz, während länger ansässige Migranten aus dem europäischen Süden und Südwesten mit tieferem Bildungsniveau eine negative Bilanz aufweisen. Sheldon bestätigt für die Schweiz aber auch den Befund ausländischer Studien, dass die fiskalischen Auswirkungen der Immigration insgesamt relativ unbedeutend bleiben.

Gianni D'Amato diagnostiziert für Europa eine Überlagerung mehrerer Krisen, zu denen auch die Krise des europäischen Migrationsregimes gehört. Durch ein duales Migrationsregime entstand der europäische Binnenmarkt, während gleichzeitig die legalen Einwanderungsmöglichkeiten aus Drittstaaten eingeschränkt und an hohe Qualifikationsanforderungen gebunden wurden. De facto hat dies aber zur Zunahme irregulärer Einwanderer und zu wachsendem Druck auf das Asylsystem geführt. Die Kontrolle der Aussengrenzen war ungenügend, und die Binnenmobilität hat die Rolle und Autorität nationaler Staatsorgane relativiert. Gleichzeitig haben die Globalisierung und die raschen und weitreichenden Veränderungen der Arbeitswelt neue Mechanismen des Einschlusses und Ausschlusses geschaffen, während die wohlfahrtsstaatlichen Leistungen reduziert wurden. D'Amato sieht in der Sicherung und Wiederherstellung der sozialen Kohäsion, zu der Gleichbehandlung und Chancengleichheit gehören, die zentrale Herausforderung für die europäischen Gesellschaften. Eine neue soziale Kohäsion sollte entstehen aus einer Bürgergesellschaft, in der Menschen – unabhängig von ihrer Herkunft und nationalen Zugehörigkeit – Vertrauen schaffen und Solidarität herstellen können.

Welche Balance kann die Schweiz finden zwischen der Einbindung in die europäischen und globalen Migrationssysteme und dem Wunsch nach einer selbstbestimmten Migrationspolitik? *Sandro Cattacin* identifiziert in seinem Beitrag Ansatzpunkte für einen möglichen migrationspolitischen Paradigmawechsel der Schweiz. Den ersten Ansatzpunkt sieht er im Wechsel von einer Migrations- zu einer Mobilitätsperspektive, welche die räumliche Mobilität als Normalfall und als Voraussetzung und Merkmal innovativer, dynamischer Gesellschaften versteht. Der zweite Ansatzpunkt liegt in der Idee einer differenzierten Staatsbürgerschaft, welche die unterschiedlichen Rechtssituationen mobiler Menschen anerkennt. Einen dritten Ansatzpunkt sieht Cattacin in der Orientierung an Innovation und Urbanität, die sich gegenseitig bedingen. Städte sind die Zentren der Innovation und begründen ihre Identität mit dem Respekt vor Differenz und der Verschiedenheit der Lebensstile. Der vierte Ansatzpunkt liegt in der Betonung der internationalen Zusammenarbeit zulasten rein nationaler Regulierungsversuche. Cattacin konstatiert aber, dass gegensätzliche politische Einflüsse und ambivalente Forderungen, bedingt auch durch die Instrumente der direkten Demokratie, eine längerfristig kohärente Gestaltung der schweizerischen Migrationspolitik erschweren.

Die europäische Migrationspolitik ist nicht erst seit der Flüchtlingskrise permanenter Hinterfragung und Kritik ausgesetzt. *Verónica Tomei* wirft einen Blick auf ihre Entwicklung seit dem Beginn der 1990er-Jahre. Sie erinnert daran, dass ursprünglich die Europäisierung nationaler Migrationspolitik nur als sogenannter Spill-over-Effekt der integrationspolitischen Leitidee eines Europas der Bürger sowie des Aufbaus des europäischen Binnenmarkts galt. Heute steht die EU-Dimension der Migrationspolitik zuoberst in der medialen und politischen Aufmerksamkeit. In der Flüchtlingskrise kumulierten verschiedene politische Krisen: das Unvermögen der EU, auf den Syrienkrieg einzuwirken, die unkontrollierten Fluchtbewegungen über den Balkan und das Mittelmeer und mangelnde innereuropäische Solidarität. Einige Mitgliedstaaten entzogen den europäischen Handlungsmechanismen gar das Vertrauen. Gemäss Tomei werden die Lösungskapazitäten auf europäischer Ebene jedoch unterschätzt, und eine starke Mehrheit der Mitgliedstaaten setzt weiterhin auf die Nutzung und Erweiterung des ganzen Spektrums der europäischen Instrumente. Die Autorin sieht in der starken Mediatisierung und populistischen Instrumentalisierung des Themas ein Hauptproblem, das pragmatisches und koordiniertes Handeln auf europäischer Ebene erschwert. Zudem erscheine die EU für viele Bürger immer noch als Blackbox, die sich für nationale Politiker geradezu als Sündenbock anbiete.

Zukunft der Migration

Aus einer globalen und langfristigen Perspektive verliert die europäische Tagesaktualität viel von ihrer scheinbaren Dramatik. *Jakub Bijak* weist darauf hin, dass wir keineswegs in Zeiten einer allgemeinen Völkerwanderung leben, obwohl die allgemeine Mobilität zugenommen hat. Die Zahl der Menschen, die dauerhaft ausserhalb ihres Geburtslandes leben, hat sich in den letzten Jahrzehnten nur geringfügig erhöht. Die wichtigsten Ursachen der Migration sind nach wie vor struktureller Natur: Unterschiede in den Einkommen, den Beschäftigungsaussichten, den Lebensperspektiven. Diese Unterschiede werden auch in Zukunft die wichtigsten Auslöser von Migration sein. Daneben sind bewaffnete Konflikte, politische Verfolgung und humanitäre Krisen wichtige Treiber von Migration, die jedoch besonders schwierig vorherzusehen sind. Bijaks zentrale These ist, dass wir aufgrund der Komplexität der Bestimmungsgründe, der Vielfalt der Akteure und Wechselwirkungen ihrer Handlungen nur schwer zuverlässige Aussagen über die zukünftigen Migrationsströme machen können. Er hält daher auch die Idee einer vollständigen Kontrolle der Migration und der Machbarkeit «simpler Lösungen» für illusorisch. Er plädiert für eine differenzierte Politik, die Unsicherheiten anerkennt, Risiken angemessen handhabt und für verschiedene Eventualitäten vorbereitet ist.

Kemal Kirişci illustriert für die Türkei beispielhaft die Komplexität der Migrationen und die Schwierigkeiten ihrer Vorhersage. In Europa hat sich seit den 1960er-Jahren das Bild der Türkei als Auswanderungsland konsolidiert. Zuerst waren es die «Gastarbeiter», die vorerst als temporäre Arbeitskräfte rekrutiert wurden, gefolgt von Asylsuchenden und irregulären Migranten aus der Türkei. Nach dem Ende des Kalten Krieges wurde die Türkei Transit- und Immigrationsland vor allem für Menschen aus der ehemaligen Sowjetunion und anderen Staaten des ehemaligen Ostblocks (z. B. Bulgarien), aber auch aus dem Iran, Irak, Afghanistan und afrikanischen Ländern. Allerdings war die Türkei auch bereits nach der Gründung der Republik zum Immigrationsland für «Menschen türkischer Abstammung und Kultur» geworden, hauptsächlich aus dem Balkan. 1995 trat die Türkei der Zollunion mit der EU bei und wurde EU-Beitrittskandidatin. Durch die starke wirtschaftliche und politische Dynamik wurde das Land definitiv vom Auswanderungs- zum Einwanderungsland, auch für Migranten aus dem Westen. Der Krieg in Syrien leitete nach 2011 eine Wende ein. Kirişci erwartet, dass die meisten der 3 Millionen Flüchtlinge aus den arabisch-sunnitischen Gebieten Syriens in der Türkei bleiben werden, mit Folgen für Kultur und Politik. Andererseits könnte die Unterhöhlung des säkularen Staates und die Verfolgung und Unterdrückung Andersdenkender zur erneuten Auswanderung in europäische Staaten führen.

Jochen Oltmer fokussiert auf die aktuellen und zukünftigen Migrationsströme aus einer globalen Perspektive. Wie bereits Bijak hält auch er fest, dass in den letzten 50 Jahren weltweit keine erhebliche Veränderung des Umfangs von internationalen Migrationsbewegungen (relativ zur Bevölkerungszahl) festgestellt werden kann. Es zeigt sich auch, dass die umfangreichsten Bewegungen innerhalb der südlichen Weltregionen stattfinden (z. B. zwischen Süd- und Westasien oder den Ländern südlich der Sahara), während Migrationen über die Kontinente hinweg nur relativ wenig ins Gewicht fallen. Dies gilt entsprechend auch für Europa, wo die weitaus meisten Migranten aus anderen europäischen Ländern stammen. Oltmer sieht drei Hauptgründe für die relativ geringe Bedeutung von interkontinentalen Süd-Nord-Wanderungen: Armut, fehlende Netzwerke und restriktive Migrationsregimes. Während vielen Menschen die Ressourcen fehlen, über weite Distanzen zu migrieren, gewinnen Migrationen im Nahbereich und vor allem in die grossen Städte an Bedeutung. Damit einher geht die Entwicklung riesiger «Mega-Regionen», die trotz des Risikos, in übervölkerten Slums zu leben, attraktive Zuwanderungsziele bleiben. Klimawandel und Umweltveränderungen werden das künftige Migrationsgeschehen ebenfalls beeinflussen. Oltmer erwartet aber auch hier, dass die Wanderungen in den ökologisch labilen und exponierten Risikozonen des Südens weitgehend lokal und regional verlaufen werden.

Etienne Piguet untersucht diese Frage näher. Er zeichnet die politische Karriere des Themas «Klimaflüchtlinge» nach, die mehrfach zu alarmierenden Berichten über das Risiko von klimabedingten Migrationen führte. Die nähere Betrachtung der zentralen Klimaereignisse (Wirbelstürme, Dürren, Anstieg des Meeresspiegels) zeigt aber ein sehr viel differenzierteres Bild über die möglichen Auswirkungen auf Migrationen. Bei tropischen Wirbelstürmen handelt es sich letztlich um ein beschränktes Phänomen. Niederschlagsmangel und Dürre führen primär zu Wanderungen auf Kurzdistanzen und sind zum Teil auch umkehrbar. Am bedrohlichsten sind die möglichen Folgen eines Anstiegs des Meeresspiegels, doch lassen sich diese voraussehen und recht genau lokalisieren. Nach Piguet ist zu erwarten, dass Migrationen aus Umweltgründen im Wesentlichen innerhalb der jeweiligen Staatsgebiete verlaufen werden. In manchen Fällen dürfte Migration dabei nicht das Problem, sondern Teil der Lösung sein, wenn für Menschen ausserhalb von Risikozonen neue Lebensgrundlagen geschaffen werden können.

Walter Kälin beschäftigt sich mit der Frage, ob im Völkerrecht ein besonderer Schutzstatus für «Klimaflüchtlinge» zu schaffen sei. Er erachtet dies als nicht gangbaren Weg. Der Grund dafür liegt darin, dass es im Einzelfall kaum gelingen kann, den Nachweis zu führen, dass Klimaerwärmung für Flucht und Migration kausal verantwortlich ist. Migration im Kontext von Klimawandel und Naturgewalten ist in der Regel multikausal, und oft sind es menschliche Faktoren, die Naturereignisse erst zu Katastrophen werden lassen. Kälin spricht daher von «Katastrophenvertriebenen» und nicht von «Klimaflüchtlingen». Damit verschiebt sich der Fokus auf die Reduktion der Vertreibungsrisiken einerseits, die Hilfe für Vertriebene andererseits. Dazu gehört auch der vorübergehende Schutz für Katastrophenvertriebene in anderen Staaten, der weiter verstärkt werden muss. Aus den Ergebnissen der «Nansen Initiative», für die sich Kälin engagiert hat, ist eine Schutzagenda hervorgegangen, die Grundlagen legt für ein differenziertes Verständnis der Klima- und Katastrophenflucht und für die Entwicklung eines künftigen internationalen Regimes zum Schutz von Katastrophenvertriebenen.

Lassen sich die Paradoxien und Probleme der Migration, die auf dem politischen Ordnungsanspruch der Nationalstaaten fussen, überwinden? *Andreas Wimmer* entwickelt hierzu zwei Szenarien über die mögliche Welt in 200 Jahren. Die erste Vision geht davon aus, dass Hightech es möglich macht, die staatlichen Funktionen zu deterritorialisieren und Staaten verschwinden zu lassen. Sie werden ersetzt durch private Organisationen und globale Vermittlungsdienste. Migration ist in dieser Welt kaum kontrolliert, da es weder Pässe noch Grenzzäune gibt. Es gibt auch kein Gefühl der nationalen Zugehörigkeit und Solidarität mehr. Die Menschen leben in Minigemeinschaften, sind aber sonst per Internet global vernetzt und organisiert. Wimmers zweite Vision erstarkt die Überwachungs- und Leistungskapazität von Staaten, nicht zuletzt durch die neuen technologischen Möglichkeiten. Staaten können dadurch ihre Territorien ausdehnen, grössere Bevölkerungsmassen verwalten und werden zu eigentlichen Superstaaten. Der innere Zusammenhalt wird nicht mehr durch nationale Identität, sondern durch grossräumige zivilisatorische Gemeinsamkeiten hergestellt. Megastaaten können versuchen, sich wirtschaftlich autark zu organisieren und Grenzen gegen ungewollte Migration zu schliessen. Innerhalb der Staaten wären aber kleinräumige Segregation oder auch deterritorialisierte Selbstverwaltung nach ethnischen Prinzipien möglich. Selbstverständlich sind andere Szenarien denkbar, doch für Wimmer ist es wichtig, dass wir uns wenigstens «einen Moment lang frei denken von der Tyrannei der Gegenwart».

Die Beiträge dieses Bandes zeigen, dass im Bereich von Migration und Integration der Bedarf nach zuverlässigem Wissen gross und weiter steigend ist. Zum Teil geht es um elementare Fakten über die Formen, die Zusammensetzung und Richtung von Migrationsströmen, zum Teil um wichtiges Handlungswissen für erfolgreiche Integration zum Beispiel im Bildungs-, Arbeitsmarkt- oder Gesundheitsbereich oder auch um Sicherheitsrisiken der Migration und die Verletzung von Schutzansprüchen und Menschenrechten. Migration betrifft nicht nur die verschiedensten Lebensbereiche, sondern auch die verschiedensten wissenschaftlichen Disziplinen, die sich alle gezielt mit den durch Migration und Integration aufgeworfenen Fragen befassen sollten. Dies ist heute sicher wichtiger als die Institutionalisierung und damit auch die Marginalisierung von «Migrationsforschung» in einer Spezialdisziplin.

Auffallend ist jedoch, dass manche Wissenschaftler die fehlende Beachtung von Forschungsergebnissen und Studien durch Öffentlichkeit und Politik beklagen. Dies mag damit zusammenhängen, dass Wissenschaft und Forschung immer stärker ihren eigenen Legitimitätskriterien folgen und die Relevanz und Verständlichkeit von Ergebnissen für eine breitere Öffentlichkeit darunter leiden.

Doch hat sich auch die «Deutungshoheit» über migrationsrelevante Ereignisse verschoben zugunsten der neuen Medien und politischer Gruppen und Parteien, die Vorurteile und Ängste schüren und Migration zur Erreichung anderer Zwecke instrumentalisieren. Gerade so wichtig wie die Fakten der Migration ist, wie darüber gesprochen wird und welche Bilder gebraucht werden. Ein informierter und verantwortungsvoller Umgang mit Fakten, Begriffen und Bildern ist nötig, der Migration weder idealisiert noch verteufelt, sondern Verständnis schafft für Zusammenhänge, Hintergründe und Folgen (Georg Kreis). In diesem Sinne ist die Aufgabe, die sich die Stiftung Bevölkerung, Migration und Umwelt bei ihrer Gründung gestellt hat, aktueller denn je.

WISSENSCHAFT UND POLITIK

Geschichtswissenschaft und Migration

Georg Kreis

Was hat die Geschichtswissenschaft zum Verständnis der Migration bisher beigetragen? Das ist eine Frage, die man sich als Historiker vielleicht besser nicht stellt, weil die Antwort – möglicherweise, ja wahrscheinlich sogar – ernüchternd ausfällt. Es kann auch beruhigen, dass wir es nicht so recht wissen und kaum in Erfahrung bringen können. Denn das hat die Geschichtswissenschaft mit anderen Wissenschaften gemeinsam: Meistens werden ihre Erträge nicht evaluiert; und wenn es doch Evaluationen gäbe, wären diese selbst wieder kritisch zu beurteilen. Zudem stünde man, wenn man sich auf die Wirkungsfrage dennoch einliesse, vor einigen methodologischen Problemen. Verständnis wäre eines, ihm handelnd Rechnung tragen etwas anderes.

Statt diese Frage theoretisch und normativ anzugehen, sei zunächst abgeklärt, was bisher dazu ausgeführt und geleistet wurde. Naheliegend ist dabei vor allem ein Blick in die Schriften von Klaus J. Bade, der bis 2007 Neueste Geschichte an der Universität Osnabrück gelehrt und 1990 das Osnabrücker Institut für Migrationsforschung gegründet hat. Er kann als der bedeutendste Kopf der historischen und interdisziplinär erweiterten Migrationsforschung Deutschlands bezeichnet werden.[1] Aus seinem reichen Œuvre seien hier bloss vier Publikationen berücksichtigt: die kleine Schrift zum *Homo migrans* (1994),[2] der in der Serie «Europa bauen» publizierte Band *Europa in Bewegung* (2000),[3] die von einem Team unter seiner Leitung herausgegebene *Enzyklopädie Migration in Europa* (2007)[4] sowie die Schrift *Leviten lesen: Migration und Integration in Deutschland* (2007).[5]

Klaus J. Bade geht in seiner Darstellung von 2000 davon aus, dass Migrationsgeschichte zum Verständnis der aktuellen Migrationsprozesse «beitrage», dass man diese besser «beurteilen» könne, wenn man abgeschlossene Entwicklungslinien kenne, an deren Ende die Probleme der Gegenwart stehen.[6] Auch die 2007 veröffentlichte Enzyklopädie wird bloss mit einer bescheidenen Zweckbestimmung versehen: Sie soll das vielfältige Geschehen «beleuchten».[7] In seiner Schrift von 1994 nimmt er nirgends explizit in Anspruch, dass historische Migrationsforschung von direktem

Nutzen sein könnte. Er geht aber immerhin davon aus, dass es «oft ungenutzte wissenschaftliche Ergebnisse» gebe und ein doppelter Dialog nötig wäre, zwischen verschiedenen Forschungsrichtungen sowie zwischen Forschung und Praxis. Vieles müsse sich ändern, «wenn es nicht dahin kommen soll, dass ungenutzte handlungsorientierte Forschungsergebnisse und damit Handlungschancen erst dereinst von Wissenschaftshistorikern wieder entdeckt werden». Der wichtigste indirekte Nutzen dürfte seines Erachtens darin bestehen, dass der Blick in die Geschichte dazu beitragen könnte, dass man ein «positives oder doch gelasseneres Verhältnis» zur Migration unserer Tage entwickle. Bade empfiehlt «Deeskalation» der durch politische Polemik und Demagogie emotionalisierten und neurotisierten Migrationsdiskussion. Bades Kritik gilt dem Umstand, dass die deutsche Gesellschaft bis in die frühen 1990er-Jahre das Phänomen der Einwanderung beziehungsweise die Tatsache, dass Deutschland ein Einwanderungsland geworden ist, geleugnet und nicht öffentlich diskutiert hat und dass so ein Jahrzehnt (die 1980er-Jahre) «verloren» gegangen sei.

Bades Abschiedsvorlesung von 2007 konzentriert sich ebenfalls auf das falsche und richtige Verhalten der Einwanderungsgesellschaft und mündet in das Postulat der «nachholenden Integrationsförderung».[8] Bade hielte es auch für angemessen, den «Arbeitsbereich» Migration und Integration, statt im Innenministerium unterzubringen, mit einem eigenen Ministerium zu versehen.[9] Die Annahme, dass Migrationspolitik steuerbar sei, bezieht sich in seinen Ausführungen ganz auf die Integrationsaufgabe, hier kann man offenbar was machen und was empfehlen, und hier hat sich Bade auch vielfach praktisch engagiert. Die Migrationszulassung als solche ist dagegen kein Thema, hier kann man kaum Empfehlungen abgeben, es sei denn im Bereich der leicht übersehenen zirkulären Migration und der häufigen Rückwanderungen. Einmal heisst es, man sollte nicht zuerst nach Zahlen, sondern nach Zielen fragen. Dem eigentlichen Migrationsprozess galt die kritische Bemerkung, der Slogan, dass Fluchtursachen bekämpft werden müssen, sei zur «schlanken politischen Formel» erstarrt, es müsse ein «Menschenrecht auf Entwicklung» und einen internationalen Lastenausgleich insbesondere zwischen Nord und Süd, aber auch zwischen West und Ost geben.[10]

In diesen Ausführungen steht die klassische Migrationstrias von Aufbruch – Transfer – Ankunft ganz im Hintergrund, und die Reaktionen der Aufnahmegesellschaft stehen stark im Vordergrund.[11] Diese Reaktionen sind alles andere als unwichtig, sie sind aber nur eine Variante einer allgemeineren Problematik, der Frage nämlich, wie Gesellschaften mit fundamentalen Herausforderungen umgehen. Diese stellen sich auch in anderer Hinsicht, zum Beispiel bei drastischen Veränderungen der Ernährungs-, Wohn- oder Arbeitsverhältnisse oder der Klimabedingungen. Darum sollten sie unter der allgemeineren Frage subsumiert werden, wie Gesellschaften den Wandel, dem sie ausgesetzt sind, verarbeiten.

Zu dem Wandel, dem die Einwanderungsgesellschaften ausgesetzt sind, bekommt man von Klaus J. Bade die allgemeine Bemerkung zu hören, dass die Migrationsgeschichte hilfreiche «Grundorientierung und Erfahrungswerte» vermittle.[12] Was könnte damit gemeint sein? Damit dürfte gemeint sein, dass die Begegnung mit Migration statt nur in der Gegenwart *auch* in der Geschichte dazu führt, dass wir die irritierenden Vorgänge unserer Tage nicht nur als Bedrohungen wahrnehmen. Ganz in diesem Sinne wird den bereits zu den Alteingesessenen zählenden Teilen der Bevölkerung der Aufnahmegesellschaften in Erinnerung gerufen, dass seit präneolithischer Zeit «schon immer» gewandert wurde, dass Migration auch nötig sei und dass die Menschheit ohne Migration nicht da wäre, wo sie (im Guten) heute ist.[13] Diese Makrobetrachtung dürfte allerdings diejenigen, die sich von Migration persönlich bedroht fühlen oder wirklich bedroht sind und möglicherweise zu den Verlierern der Geschichte gehören, wenig beruhigen. Die Arbeitsverhältnisse und Sozialsysteme müssten so geartet und gestaltet sein, dass Zuwanderung weniger als bedrohliche Konkurrenz erscheint. Und hinzu kommen muss die Einsicht, dass gerade infolge der Aufteilung der Welt in Nationalstaaten diese politischen Subeinheiten eine Solidarität der kollektiven Verantwortung entwickeln müssen und angesichts der alle betreffenden Herausforderung nicht in alten Protektionismus zurückfallen dürfen.

Neben dem Aufzeigen grosser Kontinuitäten kann Geschichte allgemein und kann Migrationsgeschichte speziell noch anderes leisten: nämlich ein Erinnern an Diskontinuitäten und Alteritäten im menschlichen Sein, was dazu beitragen könnte, dass man auf Begegnung mit migrationsbedingter Andersartigkeit etwas gelassener und nicht nur mit aggressiver Abwehr reagiert. Da kann selbst Anschauung aus der tieferen Vergangenheit für uns mehr Nähe zur Gegenwart herstellen. Für diesen Aspekt der Vergangenheit interessiert man sich allerdings auch nur, wenn bereits in der Gegenwart ein entsprechendes Interesse entsteht.

Geschichte zeigt nämlich mit ihrem Blick über die Zeiten die ganze Breite der «condition humaine» und damit die variierenden Dimensionen des menschlichen Seins. Dieses ist nicht zu jeder Zeit in gleicher Weise gegeben. In der Kombination von gesellschaftlicher Konditionierung einerseits und individuellen Gestaltungsmöglichkeiten andererseits kann es so oder anders sein.[14] Das ist es, was Geschichte hauptsächlich leistet: die Vermittlung von Ergänzungs- und Gegenbildern von uns selber. Das relativiert die absoluten Vorstellungen von Leitkultur. Es geht also nicht darum, der Geschichte direkte Handlungsanleitungen im Sinne von fixen Rezepten zu entnehmen, sondern Haltungen und Einstellungen, Sensibilitäten zu entwickeln, die einen problemadäquaten und gelassenen Umgang mit Herausforderungen der Gegenwart ermöglichen. Dies ganz im Sinne des bekannten Wortes des Basler Historikers Jacob Burckhardt, dass historische Erfahrung nicht nur klug für ein andermal, sondern weise sozusagen für immer macht.[15]

Zur Aufgabe der Migrationsgeschichte (und zur Herstellung der Burckhardt'schen Weisheit) gehört, die vielfältigen Erscheinungsformen der Migration aufzuzeigen und damit ein auf Gewinnen von Verständnis angelegtes Fragen zu fördern. Möglicherweise verstehen wir Migrationsursachen und -motive eher, wenn wir sie in der Geschichte wahrnehmen. Dann können wir das so erlangte Verständnis in die Gegenwart herüber- und hineinnehmen. Indem wir den Migrationsmenschen in der Geschichte begegnen, ist verständnisvollere Begegnung mit Migrationsmenschen der Gegenwart eher möglich.

Die 2009 neu eröffnete Dauerausstellung zur Schweizer Geschichte des Schweizerischen Landesmuseums in Zürich hält den Besucherinnen und Besuchern gleich zu Beginn die lapidare (d.h. metaphorisch aus Stein bestehende) Feststellung entgegen: «Niemand war schon immer da.»[16] Dessen sollten sich vor allem diejenigen bewusst sein, die sich zu den Alteingesessenen zählen. Von Einwanderern der jüngeren Zeit hingegen darf man nicht besonders viel Verständnis für die nachrutschenden Einwanderer der allerjüngsten Zeit erwarten. Wie sie sich tendenziell verhalten, kann man an US-Immigranten ablesen, die es um 1870 noch geschafft haben, das Gelobte Land der Neuen Welt zu erreichen. Die «Know Nothings» stossen auf der Karikatur die Leiter um, mit der sie aufgestiegen sind (Abb. 1). Und von Nachgeborenen eines früheren Auswanderungslandes kann man erst recht nicht generationenübergreifende Empathie gegenüber Menschen erwarten, die jetzt als Auswanderer bei ihnen einwandern wollen.

Wir sollten uns keine Illusionen machen: Mit Migrationsgeschichte befassen sich wohl fast nur Leute, die zur Migration bereits ein offenes

Abb. 1: Der Fahne der Einwanderungsgegner kann man entnehmen, dass der Präsident der Bewegung den deutschen Vornamen «Hans» und der Vizepräsident den irischen Vornamen «Patrick» trägt.

Quelle: Albert Bigelow Paine (1904), *Th. Nast: His Period and His Pictures*, New York, http://etc.usf.edu/clipart/67300/67396/67396_chin_wall.htm, Zugriff 10. 1. 2017.

oder positives Verhältnis haben. Bei ihnen kann der Blick in die Geschichte Verständnis verstärken. Daneben gibt es allerdings auch die von Abschottungsbefürwortern produzierten Laienexkurse in die Geschichte. Sie reaktivieren die bedrohlichen und historisch fragwürdigen Bilder der Völkerwanderung,[17] reden von der Unterwanderung des Abendlandes[18] und sehen in den Europäern sogar der Vertreibung und Ausrottung ausgesetzte Indianer des 20. und 21. Jahrhunderts (Abb. 2). Ein einfacher Grund, Migrationsgeschichte zu betreiben, besteht darin, dass andere dies eben-

Abb. 2: Wahlslogan der Lega dei Ticinesi um 2007.
Quelle: https://frankusbeck.net/tag/immigration (Zugriff 17. 1. 2017).

falls tun und man mit der wissenschaftlichen Bearbeitung das Feld jenen nicht überlassen soll. Beizufügen ist, dass – wie in vielen anderen Themen – die Geschichte bei den professionellen Historikern besser aufgehoben ist als bei denen, welche die Geschichte als Bestätigung ihrer in der Gegenwart aufgebauten Vorurteile nutzen.

Zum Schluss: Der allfällige «Beitrag» der Geschichtserkenntnisse hängt nicht nur vom Anbieter, sondern auch von der Aufnahmebereitschaft der Gesellschaften ab. Selbst wenn man etwas handfestere Einsichten als allgemeine Orientierung bieten könnte, müssten die Anbieter desillusioniert feststellen, wie wenig sie beherzigt würden. Dieses Schicksal teilen die Geschichtswissenschaften mit anderen Wissenschaften – zum Beispiel aus dem Umwelt- oder Wirtschaftsbereich. Dass es neben der Bringschuld der Wissenschaft auch eine Holschuld der Gesellschaft gibt, deutete auch der Migrationshistoriker Klaus J. Bade in seiner Abschiedsvorlesung von 2007 an: Aus dem Gefühl, selber längere Zeit nicht oder zu wenig gehört worden zu sein, mobilisierte er 2007 den französischen Schriftsteller Victor Hugo (1802–1885), der einer Idee vor allem dann Macht zuschrieb, wenn ihre Zeit gekommen sei – was auch besagt, dass die besten Ideen ohnmächtig sind, wenn die Zeit für sie nicht bereit ist.[19] Idee und Ideen? Nach der platonischen Ideenlehre geht es im Plural um unwandelbare, bloss geistig fassbare Urbilder, die den sinnlich wahrnehmbaren Erscheinungen auch der Geschichte zugrunde liegen. Geschichtswissenschaft braucht ebenfalls Ideen, wenn sie sich an die

Erkundung der Vergangenheit macht. Die Vergangenheit sollte aber eine eigene, nicht beliebig deutbare Grösse sein. Im Auseinandersetzen, ja im Ringen mit bestimmten Teilen der Vergangenheit dürfen neue Ideen herausschauen, die ebenfalls die Qualität von «Urbildern» haben. Die von der Geschichte, auch der Migrationsgeschichte, erarbeiteten Bilder sind Beiträge, Impulse, aber auch nur Angebote für diejenigen, die sie nutzen wollen. Nicht mehr, aber auch nicht weniger.

1 Vgl. Michael Bommes, Jochen Oltmer (Hg.) und Klaus J. Bade (2004), *Sozialhistorische Migrationsforschung,* Göttingen: V&R unipress, S. 13–25 und 27–48; Michael Bommes (2007), «Vorbemerkung des Direktors des Instituts für Migrationsforschung und Interkulturelle Studien (IMIS)», in: Klaus J. Bade, *Leviten lesen: Migration und Integration in Deutschland* (IMIS-Beiträge 31), S. 29–35; Klaus J. Bade (2017), *Migration – Flucht – Integration: Kritische Politikbegleitung von der «Gastarbeiterfrage» bis zur «Flüchtlingskrise». Erinnerungen und Beiträge,* Karlsruhe: Loeper Literaturverlag, 616 S.

2 Klaus J. Bade (1994), *Homo migrans, Wanderungen aus und nach Deutschland. Erfahrungen und Fragen,* Essen: Klartext-Verlag, 128 S. (Erweiterter Vortragstext einer Stuttgarter Reihe zur Zeitgeschichte, hg. v. Gerhard Hirschfeld.)

3 Klaus J. Bade (2000), *Europa in Bewegung. Migration vom späten 18. Jahrhundert bis zur Gegenwart,* München: C. H. Beck, 510 S. (Mit Standardvorwort des französischen Historikers Jacques Le Goff.)

4 Klaus J. Bade et al. (2007), *Enzyklopädie Migration in Europa. Vom 17. Jahrhundert bis zur Gegenwart,* Paderborn/Zürich: Verlag Neue Zürcher Zeitung, 1156 S. (Diese Publikation ist von der Stiftung BMU unterstützt worden.)

5 Klaus J. Bade (2007), *Leviten lesen und Integration in Deutschland, Abschiedsvorlesung vom 27. Juni 2007,* http://kjbade.de/bilder/LevitenHomepage.pdf (Zugriff 3. 12. 2016).

6 Bade 2000, S. 11.

7 Bade, *Enzyklopädie*, 2007, S. 15.

8 Bade, *Leviten lesen*, 2007, S. 7.

9 Zuletzt im März 2016: Klaus J. Bade, «Flüchtlingskrise: Der falsche Mann im falschen Amt», in: http://www.migazin.de/2016/03/15/bades-meinung-merkels-mann-grobe/2/ (Zugriff 3. 12. 2016) und http://www.infosperber.ch/Politik/Fluchtlingskrise-laquode-Maiziereraquo-Merkel (Zugriff 3. 12. 2016).

10 Bade 1994, S. 93 ff., 97, 98, 102.

11 Auch in der *Enzyklopädie* von 2007 wird gesagt, dass die Integrationsfrage im «Vordergrund» stehe (S. 21).

12 Bade 1994, S. 7.

13 Dazu etwa der Politologe Herfried Münkler (2015), «Die Geschichte menschlicher Wanderungsbewegungen», in: *Neue Zürcher Zeitung,* 5. September. – Auch Bade erklärt, dass es den «Homo migrans» gebe, seit es den «Homo sapiens» gebe (2000, S. 11). Zum Versuch, Weltgeschichte als Geschichte der Wanderungen zu schreiben, Bades Hinweis auf Alexander und Eugen Kulischers Darstellung von 1932. Hier ebenfalls zu nennen ist: Herbert Lüthy (2004 [1963]), «Die Epoche der Kolonisation und die Erschliessung der Erde. Versuch einer Interpretation des europäischen Zeitalters», in: Herbert Lüthy, *Werke IV, Essays II, 1963–1990,* Zürich: Verlag Neue Zürcher Zeitung, S. 3–57.

14 Lothar Gall (1997), «Das Argument der Geschichte», in: *Historische Zeitschrift,* 264, S. 14 und 18.

15 Burckhardt sah darin einen «höheren und zugleich bescheideneren Sinn» des Satzes: Historia vitae magistra. Aus der Einleitung der nachgelassenen *Weltgeschichtlichen Betrachtungen,* zit. nach der undatierten Ausgabe von Rudolf Stadelmann, S. 31. – Reinhart Koselleck (1989), «Historia Magistra Vitae. Über die Auflösung des Topos im Horizont neuzeitlich bewegter Geschichte», in: Reinhart Koselleck: *Vergangene Zukunft. Zur Semantik geschichtlicher Zeiten,* Frankfurt a. M.: Suhrkamp-Taschenbuch Wissenschaft 757, S. 38–66. – Georg Kreis (2009), «Vom Nutzen der Geschichte». In: Claudia Opitz, Regina Wecker (Hg.), *Vom Nutzen der Geschichte. Nachbardisziplinen im Umgang mit Geschichte,* Basel: Schwabe, S. 111–117.

16 Erika Hebeisen et al. (2009), *Geschichte Schweiz, Katalog der Dauerausstellung im Landesmuseum Zürich,* Bern: Schweizerisches Nationalmuseum, S. 20.

17 Zum Beispiel: Manfred Ritter (1990), *Sturm auf Europa – Asylanten und Armutsflüchtlinge – Droht eine neue Völkerwanderung?,* München: v. Hase & Koehler.

18 Zum Beispiel: Henryk M. Broder (2006), *Hurra, wir kapitulieren! Von der Lust am Einknicken,* Berlin: wjs.

19 «*Rien n'est plus fort qu'une idée dont le temps est venu*», ein geflügeltes Wort, das offenbar fälschlicherweise Victor Hugo zugeschrieben wird (https://de.wikiquote.org/wiki/Victor_Hugo, Zugriff 3. 12. 2016).

Was sagt die Migrationsforschung politischen Entscheidungsträgern und der Öffentlichkeit? Kernbotschaften europäischer Forscher

Marek Kupiszewski und Dorota Kupiszewska

Die Migrationsforschung hat sich in den letzten 70 Jahren erheblich weiterentwickelt und bis zu einem gewissen Grad auch ihren Forschungsbereich verändert. Nach dem Zweiten Weltkrieg konzentrierte sie sich vor allem auf die massiven, vom Krieg ausgelösten Bevölkerungsverschiebungen sowie auf die Binnenmigration. Sie wurde dominiert von Geografen und Soziologen. Der Schwerpunkt der heutigen Migrationsforschung liegt auf der internationalen Migration, und sie ist sehr oft multi- und interdisziplinär: Forscherinnen und Forscher aus so verschiedenen Disziplinen wie Recht, Psychologie, Soziologie, Politikwissenschaft, Demografie, Anthropologie, Geografie, Wirtschaft und anderen arbeiten zusammen.

Dem rasanten Wachstum der thematischen Bandbreite sowie der Anzahl Forschungsprojekte und -publikationen stehen keine entsprechenden Fortschritte bei der Entwicklung von Migrationstheorien gegenüber. Es gibt nicht eine bestimmte Migrationstheorie, welche die verschiedenen disziplinären Ansätze zusammenfassen würde und die wir falsifizieren könnten. Stattdessen gibt es zahlreiche Theorien für Teilbereiche, die sich auf demografische, soziologische, wirtschaftliche, anthropologische, geografische und andere Grundlagen stützen. Zahlreiche, oft zitierte Berichte zu Migrationstheorien sind recht einhellig: Seit den bahnbrechenden Arbeiten von Ravenstein im späten 19. Jahrhundert hat sich die Theorie relativ begrenzt weiterentwickelt (Zlotnik 1998). In den letzten Jahrzehnten war eine erhebliche, aber auf einzelne Bereiche beschränkte Weiterentwicklung des Verständnisses der theoretischen Grundlagen zu verzeichnen, insbesondere in Wirtschafts-, Entwicklungs- und Sozialtheorie. Trotz dieser Entwicklungen – oder vielleicht wegen ihnen – sind wir weiter denn je von einer ganzheitlichen Migrationstheorie entfernt, da die bestehenden Theorien angesichts des sich diversifizierenden und immer komplexeren Phänomens der Migration auseinanderdriften. Dies hat dazu geführt, dass Forscher, die an eher praxisorientierten als theoretischen Projekten beteiligt sind, Migration mithilfe einfacher Theorien erklären, wie zum Beispiel der Push-Pull-Faktoren-Theorie von Lee (1966), die leicht zu operationalisieren ist (Kupiszewski et al. 2013).

Der Begriff «Migration» hat sich ebenfalls erheblich gewandelt: von einer formalen räumlichen und zeitlichen Definition zu einem lose definierten Begriff, bei dem sowohl die Zeitspanne der Migration als auch ihre räumliche Zuordnung intuitiv und vage bestimmt werden. Die menschliche Mobilität entfällt heutzutage zu einem beträchtlichen Teil auf ein vielfältiges Spektrum kurzfristiger Wanderungen, manchmal in Pendelbewegungen, manchmal unvollendet, und diese Wanderungen werden von einer hypermobilen Bevölkerung unternommen, ganz in Einklang mit dem Konzept der «flüchtigen Moderne» von Bauman (2000), wonach Migration eine Dimension der liquiden gesellschaftlichen Rahmenbedingungen ist. Eine wichtige Folge dieses sozialen Wandels ist, dass der Begriff «Migration» viele Bedeutungen hat. Penninx (2006) merkte an, das Fehlen einer einheitlichen Terminologie behindere den Transfer von Ideen und Forschungsergebnissen zwischen verschiedenen Disziplinen, die sich mit Migration befassen. Und zweifellos behindert es auch den Wissenstransfer von Forschern zu politischen Entscheidungsträgern und der Öffentlichkeit.

Es gibt verschiedene Wege, Forschungsresultate den politischen Entscheidungsträgern zu übermitteln. Sie hängen stark von der Organisation der Forschung ab. Da die Forschungsarena in erheblichem Ausmass von Projekten bestimmt wird, die (aus Sicht der Forschungsinstitution) aus externen Quellen finanziert werden, beeinflussen – manchmal unbewusst – die Geldgeber die Forschungsagenda. In der Europäischen Union gibt es drei wichtige Quellen von Finanzmitteln für die Migrationsforschung: das FTE-Rahmenprogramm (vor Kurzem in «Horizon» umbenannt), von den Generaldirektionen der Kommission und von Eurostat vergebene Aufträge sowie Beiträge des ESPON (European Observation Network for Territorial Development and Cohesion – Europäisches Forschungsnetzwerk für Raumentwicklung und territorialen Zusammenhalt). Das von der EU finanzierte Europäische Migrationsnetzwerk (EMN) ist eine Einrichtung, die sich mit Beobachtung und angewandter Forschung befasst, mit nur begrenztem Interesse an wissenschaftlicher Forschung. Ausserdem finanzieren gemeinnützige Stiftungen (z. B. Stiftung für Bevölkerung, Migration und Umwelt (BMU), German Marshall Fund of the United States usw.) und NORFACE (eine Partnerschaft von Forschungsförderungsinstitutionen aus 18 europäischen Ländern) in erheblichem Umfang Forschung in diesem Bereich.

Es gibt umfangreiche Forschung zu den psychologischen, soziologischen, institutionellen und rechtlichen Mechanismen für den Wissenstransfer von Produzenten (Migrationsforschungskreise) zu den Konsumenten (politische und andere Entscheidungsträger) (siehe z. B. Gedes 2014). Viel weniger wird zum Inhalt und zu den Kernbotschaften des übermittelten Wissens gesagt. Eine detaillierte, umfassende Untersuchung darüber, was Forscher den politischen Entscheidungsträgern sagen und was diese hören, hätte den Rahmen dieser Studie gesprengt. Daher legen wir hauptsächlich die Kernbotschaften (die sowohl aus Migrationstheorien als auch aus empirischen Untersuchungen stammen) vor, die wir bei der Durchsicht von Forschungsarbeiten herausschälten, die von der Europäischen Kommission und ihren Generaldirektionen finanziert worden waren (COM 2009; King und Lulle 2016).

Die Kernbotschaften der Migrationsforschung an die Entscheidungsträger drehen sich hauptsächlich um drei Themen: (i) die Bedingungen in den Herkunfts- und Zielländern und -regionen, unter denen es zu Migration kommt und die Migration auslösen; (ii) Voraussetzungen, um Migration für Entwicklung nutzbar zu machen; (iii) Voraussetzungen für eine erfolgreiche Integration von Migranten. Wie schon erwähnt, befassen sich Migrationstheorien häufig mit den Push- und Pull-Faktoren, die Migration auslösen. Die verbreitetsten Faktoren sind: Lohn- und Gehaltsniveau, Lebenskosten, Arbeitslosenquote, soziale Sicherheit und Gesundheit, immer verglichen im Herkunfts- und im Zielland, sowie formale, rechtliche und kulturelle Schranken und soziale Netzwerke im Zielland.

Noch wichtiger sind zweifellos die Botschaften, die sich aus der empirischen Forschung ergeben. In einem Überblick über Forschungsarbeiten, die vom FTE-Rahmenprogramm der Europäischen Kommission (COM 2009) in Auftrag gegeben und durchgeführt wurden, werden folgende Themen genannt: transnationaler Charakter der Migration, sich wandelnder und zunehmend fliessender Charakter von Landesgrenzen, Zunahme illegaler Migration, Feminisierung der Migration, zunehmende Pendelmigration sowie Probleme mit der Integration von Migranten. Eine komplexere Analyse, die auf dem FTE-Rahmenprogramm und NORFACE beruht, bieten King und Lulle (2016). Die wichtigste Beobachtung ist vielleicht, dass sich die Migrationsszene erheblich verändert hat, und zwar in

Richtung einer von Globalisierung, wachsender Marktkonkurrenz und der Nachfrage nach billigen Arbeitskräften getriebenen Migration. Die Migranten wenden Anpassungsstrategien an und begeben sich nicht nur auf Siedlungswanderung, sondern auch auf Ketten- und Pendelwanderungen, die die Migrationsszene weitgehend prägen. Von den Zielländern ergriffene Massnahmen wirken sich unterschiedlich aus. Eine restriktive Migrationspolitik führt zur Zunahme illegaler Einwanderung und zur Kriminalisierung von Migranten. Eine einladende Migrationspolitik wiederum kann eine Zunahme der Einwanderungsströme auf ein Niveau bewirken, das schwierig zu handhaben ist. Exemplarisch zeigt sich dies in der anhaltenden Migrationskrise in Europa oder am Zustrom von Migranten nach Grossbritannien und Irland, als diese Länder nach der EU-Erweiterung von 2004 ihre Arbeitsmärkte öffneten. Ein wichtiger und der Intuition scheinbar widersprechender Befund ist, dass die Legalisierung der Migration ein starker Faktor ist, der die Rückkehr von Migranten in ihre Herkunftsländer fördert.

Integrationsmassnahmen führen zu einer Verringerung sozialer und interethnischer Spannungen und sind mit wirtschaftlichen und sozialen Vorteilen sowohl für die Gesellschaft als auch für die einzelnen Familien verbunden. King und Lulle (2016) weisen auf Studien hin, die die Dualität der Prozesse der Integration von Migranten aufzeigen: Einerseits müssen die Migranten integriert werden, andererseits muss die Gesellschaft des Aufnahmelandes auf die Ankunft der Migranten vorbereitet werden. Die zunehmend wichtige Rolle der Pendel- und Kettenmigration erschwert die Integration von Migranten. Ein weiteres Problem, das in der von der Europäischen Kommission finanzierten Forschung zutage tritt, ist die räumliche Dimension der Integration: Der Nutzen der Migration wird auf nationaler oder regionaler Ebene sichtbar (von Migranten ausgelöster Anstieg des Bruttoinlandsprodukts, besserer Einsatz verfügbarer Ressourcen usw.), während die Kosten (höhere Einschulungszahlen, mehr Patienten in Arztpraxen) meist auf lokaler und subregionaler Ebene anfallen.

Der letzte von King und Lulle (2016) erörterte Forschungsbereich betrifft Entwicklungsaspekte der Migration. Neoliberale Ökonomen bringen als zentralen Punkt vor, dass Migration die Allokation von Arbeitskräften optimiert und so die globale Produktion erhöht. Black (2011) argumentiert, Migration fördere die Entwicklung, aber in der Forschung herrscht in dieser Frage keineswegs Einigkeit. Weniger kontrovers ist die Feststellung, dass Migration bei den Familien in den Herkunftsländern die

Armut verringert und den Konsum steigert. Allerdings verfügen die Ärmsten nicht über die finanziellen oder sozialen Ressourcen, um auszuwandern, und sind so von diesem Nutzen ausgeschlossen.

Die Migrationsforschung zeigt, dass Migration theoretisch das Potenzial hat, sowohl für die Herkunfts- als auch für die Aufnahmeländer positiv zu sein. Damit diese Win-win-Situation entsteht, muss jedoch eine Reihe von Voraussetzungen erfüllt sein, sowohl bei den Einwanderern als auch bei der Aufnahmegemeinschaft. Die Wirklichkeit ist wohl nicht immer so rosig, und der Widerstand gegen Einwanderung wächst als Reaktion auf den anschwellenden Strom von Einwanderern.

Rein demografische und statistische Studien wurden in den oben erwähnten Berichten nicht analysiert, aber auch sie enthalten wichtige Befunde. Die von Demografen übermittelte Botschaft lautet, dass Migration Bevölkerungsstrukturen grundlegend verändert. Sie trägt in erheblichem Masse zu einer Umverteilung der Bevölkerung bei, und – im europäischen Kontext besonders wichtig – sie verändert die Altersstruktur: Sie verjüngt die Aufnahmeregionen und trägt zur Alterung der Herkunftsregionen bei. Unsere Untersuchungen haben gezeigt, dass Migration demografisch die wohlhabenderen Regionen stützt, zulasten der armen Regionen (Kupiszewski, Kupiszewska 2010). Diese Warnung ist von politischen Entscheidungsträgern in Mitteleuropa vernachlässigt worden: Der Umgang mit sehr wenigen Einwanderern beschäftigt sie viel stärker als die Verringerung einer massiven Auswanderung.

Zu den neuen Entwicklungen in der Forschung über demografische Aspekte der Migration gehören Versuche, das Problem der Unsicherheit anzugehen. Unsicherheit prägt schon seit einiger Zeit die demografische Forschung, vor allem bei Prognosen, aber in der Migrationsforschung ist sie ein neues Problem. Bijak (2010) wies als Erster darauf hin, und das Ergebnis war eine Reihe von Anwendungen von Bayes'scher Statistik auf Migrationsprognosen. Zu beachten ist, dass Versuche, das Unsicherheitsproblem zu lösen, so wichtig sie auch sein mögen, für ein Laienpublikum (politische Entscheidungsträger und breite Öffentlichkeit) eher schwer verständlich sind.

Eine weitere wichtige Botschaft aus der Forschergemeinde ist die, dass Forscher und politische Entscheidungsträger harte Daten von guter Qualität benötigen. Die Zählung der Migranten beeinflusst nicht nur die Migrationsstatistiken per se, sondern auch die Schätzungen der Messgrössen für die Bevölkerung und die Intensität demografischer Phänomene (vor allem Sterblichkeit und Fruchtbarkeit), die in Bevölkerungsprognosen verwendet werden, die wiederum den Entscheidungsträgern als Information dienen. Bisher ist die Qualität der Migrationsstatistiken immer noch mangelhaft, wenn sie sich auch unserer Ansicht nach verbessert. Die Zählung von Migranten ist schwierig, sodass Schätzungen (die idealerweise auf einer einheitlichen Definition von Migration beruhen) notwendig sind – hier kommen die Forscher ins Spiel, die Schätzungsverfahren erarbeiten. Besonders schwierig ist die Schätzung der Anzahl potenzieller Flüchtlinge oder der Anzahl irregulärer Migranten. In den letzten 15 Jahren wurde im Bereich der Migrationsstatistiken in Europa viel geforscht, aber eine umfassende, erprobte Methodik, die in der Praxis anwendbar wäre, muss noch gefunden werden. Der sich wandelnde, immer fliessendere und vorläufige Charakter der internationalen Migration hat zur Folge, dass traditionelle Ansätze der Migrationsstatistik möglicherweise nicht ausreichen. Gemäss King und Lulle genügen einfache binäre Matrizes der Herkunfts- und Zielländer nicht mehr, um diese Art von Bewegungen zu erfassen (King, Lulle 2016: 123).

Wir liessen die derzeitige Migrationskrise in Europa absichtlich ausser Acht. Sie ist noch in vollem Gang, und es fehlt noch an einer wissenschaftlichen Analyse. Es handelt sich um ein komplexes Phänomen, das durch die gezielte Politik einiger Länder und die reaktive Politik anderer beeinflusst wird. Zu bedenken ist, dass die obigen Ausführungen zu Migrationsmechanismen für normale, stabile wirtschaftliche und politische Situationen gelten. Das Auftreten extrem starker Push-Faktoren, wie Krieg, ethnische Säuberung, Hungersnot oder grossflächige Naturkatastrophen, macht die obigen Überlegungen weitgehend zunichte. Stattdessen spielen Faktoren wie das Vorhandensein sicherer Wanderungsrouten, die Verfügbarkeit von Transportmitteln und nicht zuletzt ein freundlicher oder zumindest nicht feindseliger Empfang im Zielland eine Rolle. Erst nach Berücksichtigung dieser Faktoren kommen sozioökonomische Faktoren ins Spiel. Aus Sicht der politischen Entscheidungsfindung dürfte daher die wichtigste Differenzierung im Migrationsbereich diejenige sein zwischen erzwungener Auswanderung im Herkunftsland, die im Zielland zu humanitärer Einwanderung wird, und einer im weiteren Sinne «Wohlfahrts»-Migration, deren Ziel die Verbesserung der wirtschaftlichen Lage, sozialen Sicherheit, Aussichten für berufliche und persönliche Entwicklung usw. ist. Die Differenzierung liegt vor allem bei den Push-Faktoren – den Gründen, aus denen Menschen beschliessen, auszuwandern. Die

Pull-Faktoren beeinflussen die Wahl des Ziellandes, unabhängig von den Push-Faktoren. Allerdings könnten die Wahlmöglichkeiten der Menschen, die gezwungenermassen auswandern, begrenzt sein wegen gesetzlicher Einschränkungen (Dublin-Regeln), die festlegen, wo und wann sie Schutzstatus beantragen können.

Die Liste der Themen, mit denen sich die Migrationsforschung befasst, ist lang und betrifft verschiedene Disziplinen. Wir wissen, warum Menschen migrieren und wie Migranten integriert werden können; wir kennen die demografischen Folgen und räumlichen Muster der Migration; wir verstehen, warum Migrationsstatistiken nicht die Daten liefern, die wir benötigen. Unsicherheit besteht hinsichtlich der Entwicklungsfolgen von Migration, da die Forschungsergebnisse sehr unterschiedlich sind; sicher ist jedoch, dass die Migration in der Regel die Armut verringert. Es ist jedoch zu fragen, welche Fragen bis jetzt noch nicht gestellt worden sind. Welches sind die wichtigsten neuen (oder unbeantworteten) Fragen in der derzeitigen Lage, mit massiver Migration auf allen Kontinenten, welche die Herkunfts- und die Aufnahmeländer und -gemeinschaften manchmal in erheblicher oder sogar dramatischer Weise betrifft? Am wichtigsten ist vielleicht eine ethische Frage: Wie sind die Freizügigkeitsrechte der Migranten und das Recht der Aufnahmegemeinschaften, die Kontrolle über ihr kulturelles und soziales Umfeld zu behalten, gegeneinander abzuwägen? Ist die Suche nach einem «besseren Leben» ein triftiger humanitärer Grund für Migration? Wenn ja, sollten trotzdem gewisse Grenzen hinsichtlich der Anzahl und der Eigenschaften von Migranten gesetzt werden, die in Europa aufgenommen werden, und welche sollten dies gegebenenfalls sein? Soweit wir wissen, hat die Migrationsforschung keine Antwort auf diese Fragen.

Essay übersetzt aus dem Englischen.

Bibliografie

Bauman, Zygmunt (2000), *Liquid modernity*. Cambridge: Polity Press.

Bijak, Jakub (2010), *Forecasting international migration in Europe: a Bayesian view.* Dordrecht, NL: Springer (Springer Series on Demographic Methods and Population Analysis, Vol. 24).

Black, Richard (2011), «Migration as a public good: can migration work for development?». In: Bernard Berendsen (Hg.), *Common Goods in a Divided World*, Amsterdam: KIT Publishers, S. 98–118.

Europäische Kommission (COM) (2009), *Moving Europe: EU research on migration and policy needs.* Brüssel: Generaldirektion Forschung.

Geddes, Andrew (2014), *Relationships between Research and Policy on Migration in the European Union: A Practice-Based Analysis.* EUI Working Paper, European University Institute, Robert Schuman Centre for Advanced Studies, Migration Policy Centre, Florenz.

King, Russell, Aija Lulle (2016), *Research on migration: Facing realities and maximizing opportunities. A Policy review.* Brüssel: Europäische Kommission.

Kupiszewski, Marek, Jakub Bijak, Anna Kicinger (2013), «The use of international migration theories in migration forecasting – a practical approach». In: Marek Kupiszewski (Hg.), *International migration and the future of populations and labour in Europe*, Dordrecht: Springer (Springer Series on Demographic Methods and Population Analysis, Vol. 32), S. 35–55.

Kupiszewski, Marek, Dorota Kupiszewska (2010), *Reference scenarios. Report on Deliverable 5. DEMIFER. Demographic and Migratory Flows affecting European Regions and Cities.* Applied Research Project 2013/1/3. ESPON.

Lee, Everett (1966), «A theory of migration». In: *Demography* 3(1), S. 45–57.

Okólski, Marek (2001), «The transformation of spatial mobility and new forms of international population movements: Incomplete migration in Central and Eastern Europe». In: W. J. Dacyl (Hg.), *Challenges of Cultural Diversity in Europe*, Stockholm: CEIFO, S. 57–109.

Penninx, Rinus (2006), «Conclusions and Directions for Research». In: Rinus Penninx, Maria Berger, Karen Kraal (Hg.), *The Dynamics of International Migration and Settlement in Europe. A State of the Art.* Amerstdam: Amsterdam University Press (IMISCOE), S. 305–318.

Zlotnik, Hania (1998), *The theories of international migration.* Conference on international migration: Challenges for European populations, 25.–27. Juni, Bari.

Durchzogene Bilanz des Wissenstransfers

Denise Efionayi-Mäder

Die Geschichte lehrt die Menschen, dass die Geschichte die Menschen nichts lehrt, soll Mahatma Gandhi gesagt haben. Wer die migrationspolitische Debatte während längerer Zeit mitverfolgt hat, dürfte geneigt sein, sich dieser Aussage anzuschliessen, ernten doch längst überholte politische Lösungsansätze alle Jahrzehnte wieder ein beträchtliches Echo in der Öffentlichkeit: die Schweiz für Flüchtlinge und Asylsuchende unattraktiver gestalten; Grenzen schliessen, um Integration zu fördern; Einwanderung von EU-Bürgerinnen kontingentieren; Familiennachzug erschweren usw. Haben Migrationsforschende etwas verschlafen, oder, schlimmer noch, befördern die inzwischen relativ zahlreichen Studien gar den beobachteten Wiederholungstrend?

Nachgewiesenermassen hat sich die migrationsrelevante Forschung in der Schweiz seit den 1990er-Jahren stark weiterentwickelt, aus eigener Initiative – etwa auch mit der Gründung des SFM – wie im Rahmen sozial- und rechtswissenschaftlicher Studien auf internationaler Ebene. Letztere stützen sich vermehrt auf vergleichbare Datensätze, die beispielsweise im EU-Raum oder in den OECD-Staaten erhoben werden und komparative Forschungsansätze verfolgen. Die Vielfalt dieser Wissensproduktion ist beeindruckend und liefert fruchtbare Anknüpfungspunkte für Austausch und Diskussionen. Zusätzlich zu einem Studiengang wie der Masterspezialisierung in «Migration et Citoyenneté» an der Universität Neuchâtel sind auch in der Sozialarbeit, im Rechts- oder Gesundheitswesen Weiterbildungsmodule entstanden, ferner ein zertifizierter Lehrgang zur Migrationsfachperson auf Sekundärstufe. Schliesslich setzen sich neben den Forschungsteams an den Universitäten, Fachhochschulen und Thinktanks auch zahlreiche Fachleute aus den Behörden, dem Gesundheitswesen und anderen Praxisfeldern mit dem Thema auseinander. Beinahe liesse sich von einer – allerdings unvermeidbaren – Unübersichtlichkeit der themenrelevanten Wissensproduktion sprechen, was neue Herausforderungen für die Verarbeitung und mediale Vermittlung birgt.

Die Entwicklung ist aber insofern zu begrüssen, als dieses Wissen in die Politikgestaltung einfliessen kann, zumal einiges darauf hinweist, dass die vorgelegten Erkenntnisse in Fachkreisen und bei verantwortlichen Behörden durchaus rezipiert werden: Dies geht aus verschiedenen Berichten der Bundesverwaltung und anderer öffentlicher Stellen sowie aus Antworten auf politische Vorstösse hervor, die auf entsprechende Forschungsergebnisse Bezug nehmen.[1] In diesen Stellungnahmen werden mitunter komplexe Zusammenhänge erläutert, deren Schlussfolgerungen quasi unauffällig Eingang in die vorbereitenden Grundlagen der Politikgestaltung finden. Solch interne Prozesse sind im Einzelfall zwar sachdienlich, haben aber einen wesentlichen Nachteil: Faktengestützte Orientierungen und Argumente, die quasi über die Hintertür in die Gesetzgebung einfliessen, geraten infolge kontroverser politischer Debatten und bei politischen Kursänderungen leicht aus dem Blickfeld, da es in der Politik um Deliberation, Verantwortlichkeit und Vertrauen geht, was sich selbst mittels solider Fachkenntnis nicht technokratisch herstellen lässt.

Ähnliches gilt auch für die Praxis, die sich gelegentlich aufgrund neuester Erkenntnisse und Erfahrungen weiterentwickelt, wenn in den sogenannten Regelstrukturen (Behörden, Bildung, Gesundheitswesen) ein pragmatisches Migrationsmainstreaming mit beschränkter formeller Abstützung stattfindet. So entwickelte Lösungen funktionieren vorübergehend erstaunlich gut – man denke etwa an die Gesundheitsversorgung und Prämienverbilligung für Sans-Papiers in einzelnen Städten –, sie sind aber auf ein einvernehmliches Zusammenspiel aller involvierten Akteure angewiesen und gegen politische Infragestellungen schlecht gewappnet. Gerade unter Handlungsdruck sind Politikerinnen und Politiker nicht in der Lage oder willens, sich näher mit den aufgeworfenen Fragen auseinanderzusetzen. Ausserdem beeinträchtigt die wachsende Wissenskluft zwischen den Entscheidungsinstanzen sowie einer breiteren Öffentlichkeit auf der einen und der Wissenschaft bzw. der beruflichen Praxis auf der anderen Seite eine sachliche Diskussion, die angesichts des polarisierten Klimas in Migrationsfragen ohnehin schwierig ist.

Es darf daher kaum erstaunen, dass der Enthusiasmus der 1990er-Jahre über die Möglichkeiten eines «evidence based policy making» inzwischen einer berechtigten Skepsis gewichen ist. Wie sich zeigt, stellen solide Forschungsgrundlagen und ausgewogene Evaluationen zwar eine notwendige, aber keineswegs ausreichende Voraussetzung für eine wissensbasierte Politikgestaltung dar. Damit relevante Studienergebnisse in die Debatte einfliessen können, müssen sie den beteiligten Akteuren einigermassen präsent sein, was wiederum bedingt, dass sie überzeugend interpretiert und vermittelt werden. Dies stellt eine ausserordentlich anspruchsvolle Aufgabe dar, für die es weder klare Zuständigkeiten und Ressourcen noch institutionell abgestützte Kompetenzen und Kanäle gibt. Den Forschenden stellen sich ebenso wie den klassischen Medien, die angesichts der Verschränkung politischen Handelns mit der Öffentlichkeit eine unverzichtbare Vermittlungsrolle einnehmen, im Umgang mit herkömmlichen und neuen Kommunikationsmitteln zahlreiche Herausforderungen.

Ein bezeichnendes Beispiel für das Spannungsfeld zwischen Forschung und Medien liefert etwa der Umgang mit den Ergebnissen des «Migrant Integration Policy Index» (MIPEX), einem Messinstrument, das die rechtlich-administrativen Rahmenbedingungen der Integration von Zugewanderten aus sogenannten Drittstaaten[2] in 38 EU-/EFTA- und anderen Ländern unter die Lupe nimmt. Der Index verarbeitet rund 170 Indikatoren in 8 Politikbereichen, die vom Arbeitsmarktzugang über den Familiennachzug, die Einbürgerungspraxis bis hin zur Gesundheitsversorgung reichen. Konkret geht es darum, das Integrationspotenzial des staatlichen Regelwerks und dessen Entwicklungen zu erfassen. Um diese komplexen Vorkehrungen besser vergleichen zu können sowie einer breiteren Öffentlichkeit zugänglich zu machen, wurde eine quantifizierte Darstellung in Form eines Länder-Index gewählt. Die Erstellung war zwar mit Schwierigkeiten verbunden und anfänglich stark umstritten, aber der 2002 unter der Leitung der «Migration Policy Group» in Brüssel lancierte MIPEX wurde seither im ständigen Dialog mit Forschenden und zivilgesellschaftlichen Akteuren weiterentwickelt und verbessert.[3]

Während die MIPEX-Ergebnisse und -Methodik in Forschungskreisen inzwischen rezipiert und konstruktiv-kritisch debattiert werden, erwies sich die Vermittlung der Ergebnisse in breitere Kreise mehrfach als heikel. So widmete die Sonntagspresse der MIPEX-Auflage von 2015 in der Schweiz nur mehrere oberflächlich abschätzige Artikel, obwohl der Publikation ausführliche Gespräche und Abklärungen vorangegangen waren. In einem polemischen Editorial wurde auf wesentlich grössere soziale Probleme in französischen «Immigrantenghettos» und «unseriöse Vergleiche» verwiesen, um die Studie als «kontraproduktiv» für eine Auseinandersetzung und «realitätsfremd» (Expertenmeinung) abzustempeln.[4] Die pauschale Ablehnung mag mit der diskussionswürdigen Länder-Rangfolge zusammenhängen, welche die Schweiz – im Unterschied zu anderen Indizes über Wettbewerbsfähigkeit, Lebensqualität usw. – nicht auf einem Spitzenplatz, sondern im unteren Mittelfeld, hinter

Frankreich, einstufte. Das brisante Thema verleitete offensichtlich zu einer polemischen Auseinandersetzung, die es erlaubte, eine sachliche Debatte zu umgehen und zusätzlich effektvoll die Inkompetenz der Wissenschaft zu stigmatisieren.

Obwohl andere Medien differenzierter berichteten, scheint das erwähnte Beispiel in mehrerer Hinsicht aufschlussreich, und zwar umso mehr, als das Forschungsteam gerade in besonderem Mass bedacht war, vorhandene Studienerkenntnisse zu bündeln, zivilgesellschaftliche Akteure in die Kommunikation einzubinden und sämtliche Grundlagen einer breiteren Öffentlichkeit interaktiv zugänglich zu machen.[5] Es handelt sich somit also keineswegs um verschlüsselte Forschung aus dem Elfenbeinturm, die es ebenfalls gibt, da universitäre Karrierechancen nach wie vor primär von Publikationen in Fachzeitschriften und der Anerkennung innerhalb des akademischen Betriebs abhängen. Forschungskritisch zu bemerken ist allerdings, dass die korrekte Interpretation der Ergebnisse ein gewisses Vertrautmachen mit dem Instrumentarium erfordert und der aus dem Englischen übersetzte MIPEX-Jargon etwas gewöhnungsbedürftig ist; beide Umstände unterstreichen die Schwierigkeiten einer international vergleichenden Forschungsanlage.

Trotz vielfältiger Bemühungen erweist es sich immer wieder als schwierig, Forschungsresultate und insbesondere unliebsame oder kontraintuitive Erkenntnisse einer breiteren Öffentlichkeit zu vermitteln. Im Vergleich zu anderen Themenbereichen stellt dabei die starke Politisierung von Migrationsfragen einen wesentlichen Stolperstein dar. Diese Situation ist zwar nicht neu, hat aber in den vergangenen Jahren zu einer verstärkten Polarisierung der Debatte geführt, die eine differenziert-sachliche Auseinandersetzung teilweise verdrängt, wenn nicht ganz verunmöglicht, da die Befürchtung politischer Instrumentalisierung dazu führen kann, brisante Daten oder Erfahrungen zurückzuhalten. So wurde kürzlich erneut die Frage aufgeworfen, in welcher Form nach Nationalitäten aufgefächerte Strafurteilsstatistiken publiziert werden sollen, obwohl sie mit hohen Unsicherheitsquoten behaftet sind und sich eine korrekte Interpretation des Zahlenmaterials als anspruchsvoll erweist.[6]

Mit der Verbreitung sozialer Medien bietet sich prinzipiell die Möglichkeit, direkt mit der Öffentlichkeit in Kontakt zu treten und über Publikationen oder Veranstaltungen zu informieren. Wollen sich Forschende allerdings nicht (nur) an interessierte Fachkreise wenden, sondern ein breiteres Publikum ansprechen, sind sie mit der Aufgabe konfrontiert, ihre

Arbeiten und Ergebnisse kurz und pointiert darzustellen, ohne übermässig zu vereinfachen. Dies setzt kohärente Kommunikationsstrategien und wissenschaftsjournalistisches Know-how voraus, über welche Forschende, die sich mit medienwirksamen Stellungnahmen oft schwertun, nicht zwingend verfügen. Erfreulicherweise fördert etwa der Schweizerische Nationalfonds Weiterbildungen in Kommunikationsaktivitäten und Dialog mit der Öffentlichkeit. Umgekehrt machen allerdings bei Auftragsstudien Mandanten teilweise Auflagen, die eine proaktive Kommunikation behindern oder verunmöglichen.

Wie anhand des MIPEX-Beispiels bereits angesprochen, stellt auch die Zusammenarbeit mit herkömmlichen Medien eine Herausforderung dar. Dies hängt unter anderem mit dem Strukturwandel der Medien zusammen, die stets bemüht sein müssen, die Aufmerksamkeitschancen zu steigern und nötigenfalls an identitätsbezogene Emotionen zu appellieren, wodurch ein differenzierter Dialog zwischen Wissenschaft und Medien nicht eben erleichtert wird. Zudem hat die Spezialisierung von Journalistinnen und Journalisten abgenommen, und somit sind auch kontinuierliche Kontakte seltener geworden. Dabei wäre eine regelmässige Zusammenarbeit zwischen Forschenden und Medienfachleuten wünschenswert, beispielsweise um gemeinsam Kurzfassungen und Medienmitteilungen oder andere Formen der Aufbereitung von Forschungsbilanzen (z. B. in audiovisueller Form) zu erstellen. Dadurch würden beide Parteien angehalten, ihre Rolle in der Wissensproduktion generell wie auch hinsichtlich unterschiedlicher Adressatenkreise kritisch zu reflektieren, wobei sich im Nebeneffekt neue Forschungsimpulse ergeben dürften. Ein bereichsübergreifender Wissenstransfer von Medienfachleuten und Wissenschaft ist allenfalls in grösseren Verbänden wie nationalen Forschungsschwerpunkten denkbar, sofern diese über ausreichende Ressourcen und Kommunikationsfreiräume verfügen, die in anderen Studiengefässen und insbesondere bei der Mandatsforschung kaum vorhanden sind. Solange aber solche Aktivitäten und Kooperationen nur punktuell stattfinden und nicht in den «Regelbetrieb» der Forschung gehören, ist zu befürchten, dass die Berücksichtigung von wissenschaftlichen Erkenntnissen in der breiteren Migrationsdebatte weiterhin bescheiden bleibt. Denn weder die Entwicklungen des Mediensystems noch des politisch zunehmend polarisierten Umfelds lassen zurzeit einen verbesserten Wissensdialog in die Politik erwarten, obwohl sich zahlreiche neue Kommunikationsformen und -kanäle eröffnen.

Letztlich sind gerade in einem stark von Normen und Werten geprägten Politikfeld vermehrt partizipative Forschungsansätze zu entwickeln, die innovative Auseinandersetzungen mit Migration(-spolitik) ermöglichen. Im Anschluss an die interpretative Wende («argumentative turn»)[7] entwickelt sich eine deliberativ-interpretative Politikfeldanalyse, die bemüht ist, soziale Herausforderungen – hier in Zusammenhang mit Migration – aus unterschiedlichen soziokulturellen Perspektiven zu beleuchten und die Interessen möglichst vieler involvierter Akteure zu erfassen: Dazu gehören migrationskritische wie andere engagierte Kreise, Migrantenorganisationen oder postmigrantische[8] Vereinigungen. Solche Forschungsansätze dürften es erlauben, insbesondere auch die Kommunikation zwischen Entscheidungsträgern, Medien, Wählerschaft oder Zivilgesellschaft und Forschenden kritisch zu reflektieren. Anders als bei einer herkömmlich empirisch-analytischen Betrachtungsweise rückt die Funktion normativ-politischer Argumentarien im Alltag und in der Politikformulierung (Policy-Narrative) in den Vordergrund. Auch wenn deliberativ-partizipative Studien wiederum neue Herausforderungen bergen und in der Schweiz noch wenig verbreitet sind, melden Behörden – beispielsweise Städte – wie auch zivilgesellschaftliche Akteure vermehrt Interesse an.

Obwohl in verschiedenen migrationsrelevanten Bereichen nach wie vor grössere Forschungslücken bestehen, die es fortlaufend zu schliessen gilt, ist die Aufmerksamkeit gleichzeitig (wieder) vermehrt auf die Schnittstelle zwischen Wissenschaft und Öffentlichkeitsarbeit zu fokussieren. Dies kann sowohl in Form interpretativer Methoden in der Politikfeldanalyse und Evaluation als auch im Rahmen eines verbesserten Transfers von Studienerkenntnissen in die medienvermittelte Öffentlichkeit geschehen, was allerdings die Bestimmung entsprechender Zuständigkeiten und Ressourcen voraussetzt.

1 Dies gilt beispielsweise für den ausführlich dokumentierten Bericht der tripartiten Agglomerationskonferenz «Weiterentwicklung der schweizerischen Integrationspolitik – Bericht und Empfehlungen der TAK vom 29. Juni 2009».

2 Nicht berücksichtigt werden Zuwanderungsbestimmungen und in EU/EFTA-Ländern Personen, die sich im Rahmen der Personen-Freizügigkeit bewegen und somit als intern Migrierende – und nicht als internationale Migranten – betrachtet werden.

3 Aufgrund kritischer Rückmeldungen wurde der MIPEX vielfach verbessert, was von ablehnenden Kreisen oft nicht zur Kenntnis genommen wird. Ferner stellt die Erhebung in einem föderalistischen Land eine besondere Herausforderung dar, wobei die Situation z. B. in den USA oder in Deutschland nicht einfacher sein dürfte.

4 *Sonntagszeitung* vom 4. 5. 2015.

5 Vgl. www.mipex.eu (Zugriff 4. 12. 2016).

6 Strafurteilsstatistik der Erwachsenen 2014. Erstmals Auswertung der verurteilten Personen nach Nationalität (Medienmitteilung des Bundesamts für Statistik vom 20. 9. 2016 http://www.bfs.admin.ch/bfs/portal/de/index/news/medienmitteilungen.html?pressID=11112, Zugriff 4. 12. 2016).

7 Siehe Fischer, Frank und Herbert Gottweis (Hg.) (2012), *The argumentative turn revisited: Public Policy as Communicative Practice*, Durham, London: Duke University Press.

8 Dabei ist weniger der Migrationshintergrund der Mitglieder bedeutend als ihr Bewusstsein um die von soziokulturellen Transformationen geprägte Migrationsgesellschaft.

Spannungsfelder der Institutionalisierung der Migrationsforschung: Anstossüberlegungen

Janine Dahinden

Einführung

Migrationsforschung hat in Europa, im Gegensatz zu den USA, lange Zeit nur eine untergeordnete Rolle gespielt. Im letzten Jahrzehnt hat sich dies radikal verändert, und Migrationsforschung erfuhr eine zunehmende Institutionalisierung. Zahlreiche Lehrstühle wurden eingerichtet, spezialisierte Masterstudiengänge geschaffen und Fachzeitschriften im Bereich Migration gegründet. Wer – wie die Autorin dieses Beitrags – auf einen solchen neuen Migrationslehrstuhl berufen wurde, könnte dies mit Zufriedenheit zur Kenntnis nehmen. Trotzdem möchte ich einen Augenblick reflexiv innehalten und über die auf den ersten Blick erfreuliche Entwicklung nachdenken. Denn ich vermute, dass sich in dieser Institutionalisierung auch Spannungsfelder herauskristallisieren, die grundsätzliche Fragen zur Art der Wissensproduktion wie auch zu ihrer zukünftigen Ausrichtung aufwerfen. Im Kern geht es um die Kritik, dass Migrations- und Integrationsforschung – häufig unreflektiert – nationalstaatlich begründete Ein- und Ausschlussprozesse mitträgt.

Migrationsforschung als Produkt und Mitproduzentin einer nationalstaatlichen Logik[1]

Die Debatte darüber, inwiefern die Migrations- und Integrationsforschung primär Logiken und Kategorien des Nationalstaats reproduziert, dauert bereits einige Jahre (Glick Schiller et al. 2006; Nieswand, Drotbohm 2014; Wimmer, Glick Schiller 2002). Kernaussage der Kritik ist, dass die Migrationsforschung an die Logik der modernen Nationalstaatenbildung sowie an deren institutionelle und kategorielle Effekte gekoppelt ist und dieser Verquickung gegenüber lange Zeit blind war. Die *vermeintlich natürliche* Kongruenz zwischen nationalen, territorialen, politischen, kulturellen und sozialen Grenzlinien fasste erst im Laufe der Entwicklung der modernen Nationalstaaten Fuss (Gellner 1983). Diese Kongruenz wird ebenfalls von einem Grossteil der Migrationsforschung unterstellt, wenn der Nationalstaat in seiner Territorialität als wichtigstes Referenzsystem für die empirische Forschung verwendet wird, wie dies zum Beispiel bei Integrationstheorien der Fall ist. Zweitens brachte die Nationalstaatenbildung institutionelle *Migrationsdispositive* im Sinne von Foucault (1978) hervor, welche die gesellschaftliche Realität von Migration und MigrantInnen respektive Nicht-MigrantInnen als klar abgrenzbare und politisch relevante Phänomene überhaupt erst schufen. Diese staatlichen Migrationsdispositive wirken auf einer infrastrukturellen Ebene und schaffen soziale Tatsachen. Obwohl Mobilität ein konstitutives Element der Menschheitsgeschichte ist, wurden grenzüberschreitende Bewegungen und die Kontrolle derselben – Grenzkontrollen, Pässe, Visaregimes, Migrations- und Integrationsgesetze – erst seit der Bildung der modernen Nationalstaaten als solche institutionalisiert (Torpey 2000). Gleichermassen schuf die nationalstaatliche Logik wirksame migrations- und ethnizitätsrelevante Kategorien. Der Begriff der internationalen Migration, definiert als ein dauerhafter Wohnortswechsel über nationalstaatliche Grenzen hinweg, ist das direkte Resultat. Auch die Kategorie des «Ausländers» macht einzig Sinn in einer nationalstaatlichen Logik, und zwar mit dem Gegenpart des «Staatsbürgers». Die Begriffe «MigrantIn» oder «Person mit Migrationshintergrund» erlangen ihre Bedeutung ebenso ausschliesslich in Opposition zu «Nicht-MigrantIn» respektive generationenübergreifender Sesshaftigkeit innerhalb eines nationalen Territoriums. Die moderne nationalstaatliche Logik brachte gleichzeitig auch einen machtvollen *Normalisierungsdiskurs migrationsrelevanter Differenz* hervor, der die soziale Welt durchdringt und ihre Akteure nachhaltig sozialisiert. Migrationsbezogene wie auch ethnische und kulturelle Zugehörigkeitssemantiken sind ein wichtiger Teil dieses Normalisierungsdiskurses. MigrantInnen werden, bezogen auf das ethnisch-kulturell «Eigene», als grundsätzlich und natürlich gegeben verschieden betrachtet (Dahinden 2014).

Migration und Ethnizität werden zu den wichtigsten Differenzkategorien nicht nur im Normalisierungsdiskurs der breiten Öffentlichkeit und Politik, sondern zuweilen auch seitens der Forschenden. Statistiken über Ein- und Auswanderung, Anteil der AusländerInnen respektive von Personen mit Migrationshintergrund an der «nationalen Bevölkerung» usw. gehören zum Grundwissen aller Migrationsforschenden. Ausländergruppen, ArbeitsmigrantInnen, Flüchtlinge, vorläufig Aufgenommene, «Sans-Papiers» – die kategorialen Differenzierungen, welche das staatliche Migrations- und Normalisierungsdispositiv hervorbringt – werden von Forschenden übernommen und zum Gegenstand von Forschungen gemacht.

Angesichts dieser Verquickung kann es nicht erstaunen, dass das nationalstaatliche Migrationsdispositiv irgendwann auch zur Institutionalisierung von «Migrations- und Integrationsforschung» geführt hat. Es ist naheliegend, dass in diesem System SpezialistInnen nötig sind, welche die vorgefundenen Gruppen und ihre «Differenzen» beschreiben und untersuchen. Migrationsforschung ist ursächlich verknüpft mit dem normalisierten Differenzparadigma zwischen Migration und Nicht-Migration, dem sie letztlich auch ihre Existenzberechtigung verdankt.

Positionen und ihr Beitrag zur Wissensproduktion

Was bedeutet diese Verflechtung nun aber für die verschiedenen Felder der Wissensproduktion, in denen Migrationsforschende tätig sind? Migrationsforschende sind sowohl in der Grundlagenforschung wie in der angewandten Forschung und der Auftragsforschung tätig. Bei Letzteren führen sie oft Mandate aus, die sich an einem Schnittpunkt von Wissenschaft, Praxis und Politik befinden. Hier zeigt sich die Einbettung ins nationalstaatliche Migrations- und Normalisierungsdispositiv besonders deutlich. Auftraggeber, die innerhalb des staatlichen Dispositivs agieren, richten meist Fragen in ihrer spezifischen Differenzlogik an Migrationsforschende. Es werden Informationen benötigt über Ein- und Auswanderung oder über spezifische ethnische oder kulturelle Gruppen von EinwanderInnen. Es ist offensichtlich, dass solche Forschungen ein leichtes Spiel haben, in der breiteren Öffentlichkeit auf Gehör zu stossen, da sich hier der wissenschaftliche und der Common-Sense-Normalisierungsdiskurs über natürliche «Differenzen» weitgehend überschneiden.

Studien, welche die nationalstaatliche Logik und deren Kategorien reproduzieren und denen eine analytische Distanz zum Migrationsdispositiv weitgehend fehlt, sind historisch zweifelsohne Teil des Forschungsfeldes. Sie werden aber innerhalb des akademischen Bereichs, so meine persönliche Einschätzung, aus forschungsethischen und epistemologischen Gründen zunehmend kritisch bewertet. Idealtypisch würde ich zwei Positionen ausmachen, die weniger spezifische Gruppen von Forschenden charakterisieren, sondern häufig situationell und variabel eingenommen werden.

Erstens gibt es die *kritisch-reflexive Position:* Es wird nach Alternativen gesucht, theoretisch und methodologisch, um sich von der nationalstaatlichen Logik zu befreien (Amelina, Faist 2012; Dahinden 2016b; Wimmer 2009). Damit einher geht eine Distanzierung zur «klassischen» Migrationsforschung und eine Annäherung an die allgemeine Sozialtheorie. Häufig wird die gesamte Bevölkerung (MigrantInnen und Nicht-MigrantInnen) zur Untersuchungseinheit, oder die Forschenden interessieren sich dafür, wie Differenz hergestellt wird, beispielsweise in den Schulen. Fragestellungen werden mittels analytischer Konzepte und Theorien angegangen, die ausserhalb der Migrationsforschung entwickelt wurden, zum Beispiel in der politischen Theorie oder in Forschungen zur sozialen Ungleichheit. Diese Position zeichnet sich zudem durch ein Interesse daran aus, zu verstehen, wann und auf welche Weise Migration und Ethnizität für spezifische Phänomene relevant werden – und wann eben nicht. Diese Arbeiten haben einen stark akademisch geprägten Charakter. Es ist relativ schwierig, eine solche *kritisch-reflexive* Position in der politischen Öffentlichkeit zu vertreten, da sie nur schwer an den Differenzdiskurs des Common Sense Anschluss finden. Ein Beispiel: Während einer Diskussion in der TV-Sendung «Arena» zum Thema «Händeschütteln als Ausdruck der Schweizer Kultur von Gleichberechtigung» ist es ein fast aussichtsloses Unterfangen, nur schon Teile des Publikums von der nationalen Konstruiertheit dieser Kategorien zu überzeugen. Es wird nur für einen kleinen Teil der Zuschauenden einsichtig sein, warum es beliebig und historisch variabel – und deshalb kein objektiver Sachverhalt – ist, welche Elemente als «Schweizer Kultur und Tradition» hochstilisiert werden, um Differenz zu anderen Gruppen zu markieren.

Die zweite Position nenne ich *kritisch-differenzierend*. Hier ist es nicht Absicht, eine epistemologische und theoretische Neuorientierung vorzunehmen, das Migrationsdifferenzparadigma aber wird kritisch beleuchtet und ausdifferenziert. Diese Position geht vom Sachverhalt aus, dass Migration und Ethnizität wichtige Unterscheidungskriterien sind in Bezug auf Rechte, Kompetenzen, Zugehörigkeit, Diskriminierung usw. Ziel ist es, Ungleichheitseffekte, Mechanismen von Ausschluss und Diskriminierung zum Beispiel im Bereich Staatsbürgerschaft, Bildung, Arbeitsmarkt oder Gesundheit aufzuzeigen und zu verstehen (vgl. unter vielen Achermann, Gass 2003; Duemmler 2015; Fibbi et al. 2003; Wicker 2009). Arbeiten, die diese Position vertreten, zeigen auf, wie Ethnizität, Geschlecht, soziale Schicht usw. zusammenwirken und spezifische Ungleichheiten hervorbringen. So wird auf die Heterogenität innerhalb der «gleichen Gruppen» verwiesen (z. B. Moret 2015; Schnell et al. 2015). Diese Position – so erneut meine subjektive Einschätzung – repräsentiert heute quasi den Mainstream der akademischen Migrationsforschung in der Schweiz. Dieser ist anschlussfähig an Debatten in der Öffentlichkeit und Politik; der Graben zwischen dem Common-Sense-Diskurs über Migration und einer kritisch-differenzierenden Positionierung ist leichter überwindbar. Um auf das obige Beispiel der «Arena» zurückzukommen: Mindestens bei einem Teil des Publikums wird das Argument auf Gehör stossen, dass nicht alle SchweizerInnen Geschlechtergleichheit leben, wie auch nicht angenommen werden kann, dass alle Muslime geschlechterungleich sind. Andere Aspekte als Staatsangehörigkeit und Religion müssen zur Erklärung von Geschlechterungleichheit herangezogen werden.

Quo vadis, Migrationsforschung?

Es lässt sich vorsichtig die Schlussfolgerung ziehen, dass die Migrationsforschung trotz ihrer Verflechtung mit dem staatlichen Migrationsdispositiv eine wichtige Rolle bei gesellschaftspolitischen Debatten innehat. Sie kann die nationalstaatliche Logik als solche hinterfragen, und sie liefert hierbei neue, häufig innovative theoretische und methodische Einsichten und Ideen. Oder sie kann systematisch auf Ungleichheiten verweisen, die sich aus der nationalstaatlichen Ausschlusslogik ergeben. In der breiteren Öffentlichkeit hat die Migrationsforschung, so scheint mir, durchaus einen *pragmatisch differenzierenden* Einfluss. Migrationsforschung kann aber letztlich wenig dazu beitragen, eine primär nationale Sichtweise grundsätzlich infrage zu stellen. Die nationalstaatliche Logik ist schlichtweg zu stark verankert – und sie ist in den letzten Jahren vermutlich sogar stärker geworden.

Die beobachtete Institutionalisierung der Migrationsforschung birgt aber noch eine andere Facette. Sie hat zu einem Spezialistentum geführt, und die Migrationsforschung hat sich quasi einen eigenen «Container» geschaffen, was Theorie- und Wissensproduktion betrifft. Es stellt sich die Frage, inwieweit die allgemeine Sozialtheorie den Beitrag der MigrationsspezialistInnen zur Wissensproduktion überhaupt wahrnimmt. Migrationsforschende kümmern sich zum grossen Teil – auch im Rahmen einer kritisch-differenzierenden Positionierung – um spezifische Migrationsthemen und bringen teilweise ihre eigenen Theorien hervor (z. B. Integrationstheorien oder Migrationsentscheidungstheorien). Wenn Castles (2010) vor einigen Jahren schrieb, dass Migrationsforschende nur bedingt von anderen SozialtheoretikerInnen rezipiert werden und sich häufig marginalisiert fühlen, trifft dies wohl auch heute noch zu. Umgekehrt kann kritisch eingewendet werden, dass die Migrationsforschung ihrerseits auch nur marginal zur allgemeinen Sozialtheorie beiträgt. Dabei liesse sich aber auch fragen, inwieweit die allgemeine Sozialtheorie nicht ebenfalls von den Einsichten der Migrationsforschung profitieren könnte. Die meisten MigrationsspezialistInnen kennen die Situation, dass sie an eine Konferenz oder einen runden Tisch eingeladen werden, um die Migrationssicht auf ein bestimmtes Thema einzubringen, während die anderen anwesenden SozialwissenschaftlerInnen das Thema abhandeln, als ob sie in einer homogenen Gesellschaft ohne Mobilität und Migration leben würden. Neben dem Genderspezialisten gibt es nun noch den Migrationsspezialisten, dessen Aufgabe es ist, Migrationsthemen abzudecken. In diesem Sinne könnte man eigentlich von einer «marginalisierten und marginalisierenden Institutionalisierung» der Migrationsforschung sprechen.

Die Frage ist letztlich, welche Strategien adäquat wären, Migration und Ethnizität (in Form einer kritisch-reflexiven oder kritisch-differenzierenden Position) transversal in die Sozialtheorie einzubringen, sozusagen ein «Migrationsmainstreaming» zu verfolgen. Die Migrationsforschung könnte wieder stärker in die allgemeine Sozialtheorie eingebettet werden, wie es vor deren Institutionalisierung der Fall war. Dies würde allerdings einer strategischen Neuausrichtung gleichkommen. Migration, Diversität, Transnationalisierung würden dann als Ausgangsthemen dienen, um die allgemeine Sozialtheorie (Theorien zur sozialen Ungleichheit, zu sozialen Transformationen, Globalisierungstheorien usw.) und die disziplinär verankerten Theorien der Sozialwissenschaften weiterzuentwickeln. Hierbei ginge allerdings die «Migrationsspezialistenrolle» verloren und damit vielleicht auch ein Teil ihrer wichtigen Wissensproduktion. Mir scheint daher, dass eine Spezialisierung aus einer kritisch-differenzierenden Position heraus nach wie vor notwendig ist. Ebenso wichtig ist es aber, die Sozialtheorie unter Inklusion von Migration weiterzuentwickeln. Ideal wäre es deshalb, beide Strategien gleichzeitig zu verfolgen.

1 Dieses Kapitel basiert auf Überlegungen, die ich an anderer Stelle im Detail präsentiert habe (Dahinden 2016a, 2016b).

Bibliografie

Achermann, Christin und Stefanie Gass (2003), *Staatsbürgerschaft und soziale Schliessung. Eine rechtsethnologische Sicht auf die Einbürgerungspraxis in der Stadt Basel.* Zürich: Seismo.

Amelina, Anna und Thomas Faist (2012), «De-naturalizing the national in research methodologies: key concepts of transnational studies in migration». In: *Ethnic and Racial Studies*, 35(10), S. 1707–1724.

Castles, Stephen (2010), «Understanding Global Migration: A Social Transformation Perspective». In: *Journal of Ethnic and Migration Studies*, 36(10), S. 1565–1586.

Dahinden, Janine (2014), «‹Kultur› als Form symbolischer Gewalt: Grenzziehungen im Kontext von Migration am Beispiel der Schweiz». In: Nieswand, Boris und Heike Drotbohm (Hg.), *Kultur, Gesellschaft, Migration: Die reflexive Wende in der Migrationsforschung*, Wiesbaden: VS/Springer, S. 97–122.

Dahinden, Janine (2016a), «Migration im Fokus? Plädoyer für eine reflexive Migrationsforschung». In: Carvill Schellenbacher, Jennifer et al. (Hg.), *Migration und Integration – wissenschaftliche Perspektiven aus Österreich. Jahrbuch 3/2016*, Göttingen: VeR unipress GmbH, S. 11–29.

Dahinden, Janine (2016b), «A plea for the ‹de-migranticization› of research on migration and integration». In: *Ethnic and Racial Studies*, 39(13), S. 2207–2225.

Duemmler, Kerstin (2015), *Symbolische Grenzen. Zur Reproduktion sozialer Ungleichheit durch ethnische und religiöse Zuschreibungen*. Bielefeld: Transcript.

Fibbi, Rosita, Bülent Kaya und Etienne Piguet (2003), *Le passeport ou le diplôme? Etude des discriminations à l'embauche des jeunes issus de la migration. Rapport de recherche 31/2001*. Neuchâtel: Forum Suisse pour l'étude des migrations et de la population.

Foucault, Michel (1978), *Dispositive der Macht. Über Sexualität, Wissen und Wahrheit.* Berlin: Merve Verlag.

Gellner, Ernest (1983), *Nations and Nationalism*. Oxford: Blackwell.

Glick Schiller, Nina, Ayşe Çağlar und Thaddeus C. Guldbrandsen (2006), «Beyond the Ethnic Lens: Locality, Globality, and Born-Again Incorporation». In: *American Ethnologist*, 33(4), S. 612–633.

Moret, Joëlle (2015), «Cross-border mobility, transnationality and ethnicity as resources: European Somalis' post-migration mobility practices». In: *Journal of Ethnic and Migration Studies*, 42(9), S. 1455–1472.

Nieswand, Boris und Heike Drotbohm (2014), «Einleitung: Die reflexive Wende in der Migrationsforschung». In: Nieswand, Boris und Heike Drotbohm (Hg.), *Kultur, Gesellschaft, Migration: Die reflexive Wende in der Migrationsforschung*, Wiesbaden: Springer VS, S. 1–37.

Schnell, Philipp, Rosita Fibbi und Maurice Crul (2015), «Family Involvement and Educational Success of the Children of Immigrants in Europe. Comparative Perspectives». In: *Comparative Migration Studies*, 3(14), S. 1–17.

Torpey, John (2000), *The Invention of the Passport. Surveillance, Citizenship and the State*. Cambridge: Cambridge University Press.

Wicker, Hans-Rudolf (2009), «Die neue schweizerische Integrationspolitik». In: Piñero, Esteban, Isabelle Bopp und Georg Kreis (Hg.), *Fördern und Fordern im Fokus. Leerstellen des Schweizerischen Integrationsdiskurses*, Zürich: Seismo, S. 23–47.

Wimmer, Andreas (2009), «Herder's Heritage and the Boundary-Making Approach: Studying Ethnicity in Immigrant Societies». In: *Sociological Theory*, 27(3), S. 244–270.

Wimmer, Andreas und Nina Glick Schiller (2002), «Methodological Nationalism and Beyond: Nation-State Building, Migration and the Social Sciences». In: *Global Networks*, 2(4), S. 301–334.

MIGRATIONSPOLITISCHE HERAUSFORDERUNGEN

Der Islam im Zentrum von Spannungen

Houria Alami Mchichi

> «Im Lauf der Geschichte der Menschheit hat wechselseitige Unkenntnis immer wieder Argwohn und Misstrauen zwischen den Völkern der Welt hervorgerufen, sodass Meinungsverschiedenheiten nur allzu oft zum Krieg geführt haben.»
>
> *Präambel der UNESCO-Verfassung*

1945 wurden das Ausnützen von Unwissenheit und die ideologischen Vorurteile über die Ungleichheit von Rassen und Menschen als Ursache des Zweiten Weltkriegs angesehen. Und 1948 wurde der Grundsatz der Gleichheit «aller Menschen» in der Allgemeinen Erklärung der Menschenrechte verankert.

Wo stehen wir jetzt, Jahrzehnte danach?

Der Bedarf an Arbeitskräften in den Nachkriegsjahren, das Wirtschaftswachstum in Europa sowie die laufende Globalisierung führten dazu, dass Menschen aus den Ländern des Südens mit schwieriger Wirtschaftslage nach Norden wanderten. Und nach und nach entsprangen diesen Migrationen neue Identitätskonflikte.

Heisst das, dass heute unsere wechselseitige Unkenntnis die Gefahr einer offenen Konfrontation birgt? Ist das schicksalhaft? Mit der hier vorgeschlagenen Analyse soll auf die in den Vordergrund gerückten Fragen zum Verhältnis von Islam und Migration eingegangen werden.[1] Es ist eine Einladung, über die Worte, Begriffe und Erfahrungen nachzudenken, die in der Vergangenheit wie heute die Praxis und die Forschung zu dieser Problematik bestimmt haben. Um den Wandel zu erfassen, wird der Schwerpunkt auf die Prozesse gelegt, die allmählich dazu geführt haben, dass der Islam ins Zentrum der Migrationsthematik gerückt ist und dass der Begriff «Migrant» immer häufiger mit «Muslim» und «Terrorist» assoziiert wird.[2]

Die kulturelle Konfrontation ist auf internationaler Ebene und in einzelnen Einwanderungsländern offensichtlich. Es besteht sowohl bei der Aufnahmegesellschaft als auch bei den Migranten die Überzeugung, vom anderen abgelehnt zu werden. Beim Zusammenleben werden so auf beiden Seiten kritische Debatten geführt über die kulturellen Veränderungen, die in den einzelnen Ländern und auf internationaler Ebene umzusetzen sind, sowie über die Widersprüche zwischen der Demokratie – welche die Gleichheit aller Bürgerinnen und Bürger, ob autochthon oder zugewandert, beinhaltet – und den Einschränkungen der Freiheit aus Sicherheitsgründen.

Auf lange Sicht dürfte sich, ungeachtet aller Wechselfälle und Eskalationen, die Fragestellung für beide Seiten um die Definition der Bedingungen eines erneuerten Gesellschaftsvertrags in einer Welt drehen, die einem tief greifenden Wandel ausgesetzt ist.

Nationenbildung und Migration

Die Nationen der verschiedenen westlichen Aufnahmeländer haben sich auf der Grundlage eines Mythos der kulturellen Homogenität gebildet. Unter diesen Umständen ist Einwanderung häufig unwillkommen. Und diese Prozesse sind stets mit kulturellen, religiösen und rassischen Erwägungen verbunden. So war es in Grossbritannien in den 1880er-Jahren mit den Kampagnen zum Stopp der jüdischen Einwanderung, in den Vereinigten Staaten und in Kanada in den 1920er-Jahren mit der nativistischen Bewegung, die das Ziel verfolgte, nur Menschen angelsächsischer Abstammung einwandern zu lassen und gegen die Einwanderung von Italienern, Ungarn, Russen und Asiaten zu kämpfen; ebenso wollte die Politik des «weissen Australien», die bis 1980 dauerte, Asiaten von der australischen Staatsbürgerschaft ausschliessen. In Frankreich waren Polen, Spanier, Portugiesen und Italiener ebenfalls zahlreichen Diskriminierungen im Namen der kulturellen Unterschiede ausgesetzt. Überall war die Ablehnung bedeutend, auch auf religiöser Ebene: In den Vereinigten Staaten wurden Juden und Katholiken abgelehnt, weil ihre Auffassung von der Lehre der Bibel nicht die gleiche war wie diejenige der Protestanten; in Frankreich waren die Polen, die doch katholisch waren wie die Franzosen, Opfer von manchmal üblen Schikanen, weil ihre religiösen Praktiken anders waren usw. Die damalige Ablehnung erscheint somit nicht geringer als heute. Trotz dieser Konflikte führte die Migration jedoch mit der Zeit häufig zu einer neuen kulturellen Identitätsbestimmung und zur Assimilierung der Fremden durch den Verzicht auf Partikularismen.

Heutzutage sind die migrierenden Menschen meist muslimisch: Türken, Inder/Pakistaner, Maghrebiner, Senegalesen, Malier, Somalier und heute auch Syrer, Iraker und andere Nationalitäten.

Dies ist etwas Neues in der Geschichte der Migration in Westeuropa. Diese Migration, die sich den verschiedenen Formen der Integration, die ihr angeboten werden, zu widersetzen scheint, pflegt häufig transnationale Beziehungen, die oft mit der Doppelbürgerschaft (des Herkunfts- und des Aufnahmelandes) und den sich daraus ergebenden verschiedenen Loyalitäten verbunden sind. Bei früheren Migrationen in den Westen war dies nicht der Fall.

Die Rahmenbedingungen haben sich insbesondere verändert, weil die laufende Globalisierung die Grenzen zwischen dem Nationalen, dem Regionalen und dem Internationalen verwischt und dazu beiträgt, die Bedeutung der Zugehörigkeit zu einer Nation zu verwandeln. Die Globalisierung umfasst in der Tat widersprüchliche Tendenzen. Einerseits löst sie eine Beschleunigung von Bevölkerungsbewegungen aus und begünstigt, durch die sozialen Netzwerke, den menschlichen Austausch zwischen Völkern und Gesellschaften, sodass Beziehungen zwischen allen Erdteilen geknüpft werden. Es entsteht ein globaler und nationaler Diskurs, der positive Werte in Bezug auf Demokratie und Gleichheit enthält, neue Dimensionen der Identität schafft und die Konzepte der Nation und Integration erweitert.

Andererseits führt die Globalisierung auch zu wirtschaftlichen, politischen und kulturellen Unsicherheiten aller Art. Sie macht Bevölkerungen verletzlich, verstärkt diese Verletzlichkeit im Bereich von Löhnen und Arbeitslosigkeit und schwächt den Solidaritätsgedanken. Sie löst in den Aufnahmeländern Unruhe und Ablehnung von Migranten aus, denen vorgeworfen wird, sie beeinträchtigten die nationale Identität und die Sicherheit der Bevölkerung.

Es ist diesem Kontext zuzuschreiben, dass heute Migration immer stärker von Zweifeln über die Frage des Zusammenlebens und über die kulturellen Faktoren, die gemeinsame Identität ausmachen, geprägt wird.

Verschiedene Phasen der Migration

Die ersten Migranten aus ehemals kolonisierten und/oder wirtschaftlich schwachen muslimischen Ländern kamen vorwiegend im Zuge des raschen Wirtschaftswachstums nach dem Zweiten Weltkrieg nach Europa. Mit dem Hintergedanken einer späteren Rückkehr in ihre Heimatländer akzeptierten sie ihre Marginalisierung und waren wenig geneigt, sich zu organisieren, um Forderungen zu stellen. Ihre wachsende Zahl und ihre Sichtbarkeit lösten dennoch Abwehrreaktionen aus. Sie waren daher verschiedenen direkten und indirekten Diskriminierungen in allen Bereichen (Arbeit, Gesundheit, Bildung usw.) ausgesetzt, was von Menschenrechtsaktivisten in den Aufnahmegesellschaften angeprangert wurde. Diese Diskriminierungen entsprangen alle einer Einstufung der Migranten als arme und unwissende Menschen, die aus ehemaligen Kolonien und/oder «unterentwickelten» Ländern stammten, wodurch sie auf einen «Status von Untergebenen» beschränkt wurden.[3]

1974 kam die Arbeitsmigration nach Europa zu einem Ende. Die Migration hörte aber nicht auf, sondern ging in Form des Familiennachzugs weiter. Zudem kam es zu unregelmässigen Migrationsströmen, die weiterhin der Nachfrage europäischer Unternehmen entsprachen.

Gleichzeitig wurde den regulären Migranten bewusst, dass sie im Aufnahmeland bleiben würden und sich somit ihren Platz erobern mussten. Ihre Forderung nach Integration wurde vor dem Hintergrund ihrer Kultur und Religion formuliert.

Die Wirtschaftskrise reduzierte aber später die Möglichkeiten des sozialen Aufstiegs der Migranten erheblich, die sich auf die unteren Positionen der sozialen Pyramide begrenzt sahen. Gleichzeitig bekundeten die europäischen Gesellschaften, die muslimische Immigranten als Arbeitskräfte akzeptiert hatten, immer mehr Mühe, sie als Menschen mit ihren spezifischen Eigenheiten zu akzeptieren.[4]

Ende der 1990er-Jahre wurden französische, belgische, holländische und andere junge Erwachsene «mit Migrationshintergrund» die neuen Vertreter der Interessen von Migranten in Europa. Am Anfang stand das Ziel, die allgemeinen Diskriminierungen zu bekämpfen und Gleichstellung zu erreichen. Obwohl sie rechtlich gesehen meist Staatsangehörige waren, erlebten sie häufig Diskriminierungen wegen ihrer identitären Unterschiede und sahen sich auf ihre «Fremdheit» zurückgeworfen. Viele von ihnen – Intellektuelle, Verbandsmitglieder oder einfache Bürgerinnen und Bürger – klagten daraufhin die Ungleichheiten an, die sie durch eine vereinfachte und deterministische Sicht der Migranten muslimischen Glaubens oder muslimischer Kultur erfuhren.

«Das Verhältnis der Migranten zur Religion ist komplex, ja sogar widersprüchlich ...», stellt Jocelyne Cesari fest, und sie stellt die Hypothese auf, dass dies auch zur «Suche nach alternativen Lösungen» führen könne.[5]

Allmählich wird die Forderung nach Anerkennung lauter, sie wird immer häufiger im religiösen Zusammenhang geäussert und wirft auch praktische Fragen im öffentlichen Bereich auf: Tragen des Kopftuchs, Bau von Moscheen, Organisation von Gottesdiensten in Spitälern, Kennzeichnung von Halal-Fleisch, Schafschlachtungen für das Aid el Kebir (Opferfest), muslimische Friedhöfe usw.

In einigen Ländern, wo Religionsgemeinschaften einen anerkannten Status haben – zum Beispiel Deutschland oder Grossbritannien –, warfen die muslimischen Forderungen zunächst keine Probleme auf. In anderen Ländern, zum Beispiel in Frankreich, lösten sie Verwirrung und zahlreiche Kontroversen aus. In den europäischen Ländern insgesamt zeigte sich, dass in einer Krisensituation Gesellschaften Mühe haben, «ganz Andere» aufzunehmen, die sich durch ihre Sprache, ihre Kultur und/oder ihren Glauben stark unterscheiden und zudem meist als rückständig oder gar als Bedrohung des sozialen Friedens wahrgenommen werden.

Die Bilder, die eingewanderte wie einheimische Muslime als Gefahr für den kulturellen Zusammenhalt und die gesellschaftliche Ordnung darstellen, wirkten umso stärker, als zwischen Muslimen und europäischen Menschenrechtsaktivisten erhebliche Missverständnisse über den Begriff der Integration entstanden. Die Aktivisten wurden überrascht, als «identitäre» Forderungen laut wurden, und es machte ihnen Mühe, den Kampf für die «Anerkennung der Muslime» zu unterstützen, zumal für sie dieser Kampf zulasten des Kampfes um wirtschaftliche Umverteilung geht. Dies entspricht jedoch klar dem Wandel, der im Charakter der sozialen Auseinandersetzungen eingetreten ist, wie Nancy Fraser[6] anmerkt. Sie erläutert, dass die Forderungen nach sozialer Gerechtigkeit heutzutage den Umverteilungsanspruch mit der Achtung der Verschiedenheit und Identität von Minderheiten verknüpfen. Die muslimische Selbstbehauptung beginnt nämlich, sich als eine Form des kulturellen Widerstands gegen eine als Verzicht erlebte Assimilierung durchzusetzen.

Somit kristallisieren sich die Fragen, die Zweifel und die manchmal heftige Opposition gegen die Integration der Neuankömmlinge in den verschiedenen nationalen Gesellschaften um die Sichtbarkeit des Islam.[7]

Der Begriff der Nation wird infrage gestellt, aber gleichzeitig werden die vielfältigen Formen der Loyalität der Migranten und ihrer Nachkommen als möglicherweise im Widerspruch zur Bürgertreue im Einwanderungsland gesehen. Hinzu kommt, dass die internationalen Rahmenbedingungen und die Kriege im Nahen Osten geprägt sind durch eine Periode der verstärkten religiösen Radikalisierung. Dies erschwert die Neuordnung des Gesellschaftsvertrags, der weiterhin auf nationaler Grundlage angestrebt wird.

Jenseits der Besonderheiten – Fragen zum Gebrauch der Religion

Die von Muslimen in Europa und Nordamerika begangenen Attentate[8] konnten die Vorurteile nur verstärken und der schleichenden Islamophobie Auftrieb geben.

Dieser Andere, der muslimische Immigrant, wird jetzt als umso beunruhigender angesehen, als die Bedrohung, die er darstellt, sich nicht mehr auf ein bestimmtes Territorium beschränkt. Die Bedrohung ist ungreifbar, grenzüberschreitend und überall dort vorhanden, wo das Zugehörigkeitsgefühl zu einer anderen Gemeinschaft besteht. Sie entzieht sich auch darum der Kontrolle, weil sie häufig von Individuen verkörpert wird, die sich – allein oder in kleinen Gruppen – anmassen, im Namen aller Muslime zu handeln.

Der Politikwissenschaftler Olivier Roy versucht, das Phänomen in Frankreich zu erklären, und vertritt die Ansicht, man könne diese Taten nicht mit der These einer «Radikalisierung des Islam» erklären. Es handle sich vielmehr um eine «Islamisierung der Radikalität», in einem Umfeld, in dem der Islam eines der letzten verfügbaren politischen Angebote «auf dem Markt der radikalen Revolte» geworden sei.[9] Diese These wurde von François Burgat[10] kritisiert. Er ist der Ansicht, es sei unmöglich, radikalislamistisches Verhalten in Frankreich oder anderswo zu verstehen, ohne nicht nur die Nachwirkungen der Kolonialzeit zu berücksichtigen, sondern auch die Sensibilisierung der Jungen für die palästinensische Sache, ihre Ablehnung der westlichen Interventionen im Nahen Osten, ihr Gefühl der

Ausgrenzung – alles Faktoren, die der Wissenschaftler als «Scheitern der verschiedenen westlichen Länder bei der Integration» bezeichnet. Der Autor betont somit die Verflechtung von nationaler und internationaler Politik.

Heisst das, der Islam ist von jeglicher Rückständigkeit freizusprechen? Keineswegs. Aber welches auch immer seine Ausprägung und sein Anspruch, das Spirituelle und das Weltliche zu regeln, sein mögen: Der Islam ist lediglich eine Religion. Er ist, anders ausgedrückt, nichts ohne die Völker, die sich auf ihn berufen. Der religiöse Korpus des Islam kann und muss aufgrund seiner früheren und gegenwärtigen Geschichte analysiert werden, um daraus die von den radikalen Islamisten jeglicher Couleur verwendeten und instrumentalisierten Richtlinien herauszuschälen. Der historische Kontext ist ebenfalls in die Überlegungen einzubeziehen. Zahlreiche muslimische Autoren mit Migrationshintergrund haben diese Aufbereitungsaufgabe angepackt; sie grenzen sich gleichzeitig von den traditionellen Auslegungen sowie den alten und den zeitgenössischen Narrativen ab, die das Wissen stark einschränken. Hier entsteht ein innovativer intellektueller Bereich, der das islamische Denken im Zusammenhang mit seinem säkularen Kontext sowie die zentralen Fragen der derzeitigen Debatten erforscht: Modernität, Demokratie, Menschenrechte und Frauenrechte.

Das europäische Umfeld kann die Forschung zum Islam anregen, soweit es kritisches Denken und das Blosslegen von Dogmen zulässt, ausserhalb des institutionellen oder sozialen Drucks, der in den Ursprungsländern nur allzu oft besteht.

Diese Beiträge könnten auch ein Licht auf die Möglichkeiten werfen, die Beziehung zum Religiösen und den Platz des Religiösen im öffentlichen Raum in Europa zu überdenken. So könnten sich auch neue Wege eröffnen, den Islam zu denken und zu leben.

Schlussbemerkungen

Zum Abschluss dieses kurzen Überblicks über die derzeitigen kontroversen Debatten zum Thema Migration von Muslimen und Islam in Europa sind einige Feststellungen hervorzuheben, unter Berücksichtigung des von der Forschung zu den Fragen Migration/Islam in Europa zurückgelegten Wegs.[11] Die Studien zeigen die Bedeutung der Vorstellungen und den Einfluss der Diskurse, die Rolle der Medien, das Gewicht der Phantasien, aber auch die Wechselwirkungen mit der Globalisierung und ihre perverse Wirkung auf das Sicherheitsgefühl der Menschen und die dadurch ausgelösten Abwehrreaktionen. Ungeachtet der muslimischen Besonderheiten zeigen sie überdies die historische Kontinuität der Argumente der Ablehnung, die «das Eindringen» jeglicher Migration in Zeiten von Krisen auslöst.

Die hier beschriebene Geschichte entwickelt sich vor unseren Augen, aber sie steckt noch in ihren Anfängen. Ihr Ausgang ist somit unsicher und stark geprägt vom Risiko von Konflikten und gewaltsamen Auseinandersetzungen. Eines ist jedoch gewiss: Heutzutage ist es nicht mehr möglich, ein Staatsgebiet abzuriegeln, um unter sich zu bleiben. Denn die Welt wird tendenziell immer mehr *eine* Welt. Eine Welt, in der die Migration zum «menschlichen Ökosystem» gehört. Trotz der sozialen, wirtschaftlichen und kulturellen Unterschiede, die sie zutage treten lässt, und der Widerstände, die sie hervorruft, bildet sie immer mehr ein Element der zeitgenössischen kollektiven Identität jedes Landes.

Essay übersetzt aus dem Französischen.

1 Obwohl sich die Hinweise in diesem Text geografisch auf Frankreich beziehen, haben die daraus gezogenen Schlüsse eine allgemeine Dimension, die für alle Länder des europäischen Raums gelten kann.

2 Bereits vor 2001 wurde Migration mit Terrorismus assoziiert, aber in allgemeiner Weise, ohne Verknüpfung mit einer bestimmten Gemeinschaft. Das Ziel war, unterschiedslos jegliche Migration zu bekämpfen, um die Sicherheit zu gewährleisten. Seit den New Yorker Attentaten vom September 2001 ist die Verknüpfung von Migration und Islam praktisch systematisch geworden.

3 Laura M. Augustin, zitiert von Alison Crosby (2006), «Les frontières de l'appartenance. Réflexions sur les politiques migratoires en ce début du XXIème siècle», in: *Publications occasionnelles d'inter Pares,* Nr. 7, Juni.

4 Siehe insbesondere: Gérard Noiriel (1991), *La tyrannie du national, le droit d'asile en Europe (1793–1993),* Paris: Calmann-Lévy; Claude Liauzu (1990), *L'Islam de l'Occident,* Paris: Arcantère; Jocelyne Cesari (2013 [2004]), *L'Islam à l'épreuve de l'occident,* Paris: La Découverte.

5 Jocelyne Cesari (2002), «L'islam en Europe», in: *Cahiers d'Etudes sur la Méditerranée Orientale et le monde Turco-Iranien,* no. 33, http://cemoti.revues.org/720 (Zugriff 16. 12. 2016).

6 Nancy Fraser (2012), «Egalité, identités et justice sociale», in: *Le Monde diplomatique,* Juni, S. 3.

7 Cesari 2002.

8 New York 2001, Madrid 2004, London 2005, Paris 2015, Dänemark 2015, Brüssel und Nizza 2016.

9 Siehe: Olivier Roy (2015), «Le djihadisme est une révolte générationnelle et nihiliste», in: *Le Monde,* 24. November, http://www.lemonde.fr/idees/article/2015/11/24/le-djihadisme-une-revolte-generationnelle-et-nihiliste_4815992_3232.html (Zugriff 16. 12. 2016).

10 Die französischen Intellektuellen und Spezialisten für die islamische Welt Olivier Roy einerseits und François Burgat und Gilles Keppel andererseits polemisieren zu diesem Thema unter starkem Medienecho gegeneinander.

11 Für eine bibliografische Übersicht zum Islam und zu den Muslimen in Europa siehe: Valérie Amiraux (2012), «État de la littérature. L'islam et les musulmans en Europe: un objet périphérique converti en incontournable des sciences sociales», in: *Critique internationale,* 3 (Nr. 56), S. 141–157.

Gender und Migration: neue Formen der Sklaverei

Malika Benradi

Einleitung

Seit je haben sich Männer, Frauen und sogar Kinder, allein oder in Begleitung, aus den verschiedensten Gründen auf Wanderschaft gemacht: Suche nach besseren Lebensbedingungen, Flucht vor Verfolgung, Krieg und Konflikten, Handel, Studien usw. In der Besiedlung der Erde spiegelt sich weitgehend die Geschichte von Völkerwanderungen. Der Aufschwung der Kommunikationsmittel hat das Ausmass der Wanderbewegungen erhöht, aber auch politische Umwälzungen und wirtschaftliche Probleme führen dazu, dass sich jedes Jahr Millionen Menschen in alle Richtungen und über Landesgrenzen hinweg auf den Weg machen.

Für die Herkunftsländer, namentlich zahlreiche afrikanische Länder, ist die Migration ein wichtiges Element ihres Entwicklungsprozesses geworden. Die Migranten und Migrantinnen leisten mit ihren Geldüberweisungen einen substanziellen Beitrag zum Bruttosozialprodukt; in einigen afrikanischen Ländern übersteigen diese Überweisungen die öffentliche Entwicklungshilfe. Im Übrigen sind im Zuge der Globalisierung Migration und Entwicklung zwei sich gegenseitig beeinflussende Prozesse geworden, trotz der in den Aufnahmeländern zur Kontrolle der Migrationsströme ergriffenen Massnahmen.

Die starke Zunahme von Studien zur Migration hängt eng mit der Bedeutung des Phänomens zusammen. Zwar sind die menschlichen Wanderbewegungen eine Konstante der Menschheitsgeschichte, doch sind die Migrationsströme grösser geworden, und alle Weltregionen sind jetzt betroffen. Gemäss der IOM sind fast die Hälfte der Migranten Frauen (48,6 %), und ein beträchtlicher und wachsender Teil von ihnen unternimmt die Migration unabhängig und selbstständig.

Die Art und Weise, wie die Migrationsfrage angegangen wird, hat sich in den letzten 20 Jahren erheblich gewandelt: Die Arbeiten betonen jetzt nicht nur den Genderaspekt der Migrationsströme, sondern auch die unterschiedlichen Migrationserfahrungen je nach Geschlecht, Staatsangehörigkeit, Volksgruppe, Altersgruppe oder auch je nach den Formen, welche die Mobilität annimmt.

Bei einer Prüfung der Literatur zur Migration schälen sich drei Phasen in der Behandlung der Lage von Migrantinnen heraus: Von der Unsichtbarkeit der Frauen geht man zu einer Sicht der Familie über, zugunsten der Familienzusammenführung, und danach zu einer Auffassung, welche die Migrantinnen als eigenständige wirtschaftliche und soziale Akteurinnen sieht.

Der klassische Ansatz der Migrationsforschung ging von der Vorstellung aus, dass eine Migration im Wesentlichen durch wirtschaftliche Gründe ausgelöst wird. Da man die wirtschaftliche Tätigkeit den Männern zuordnete, migrierten in dieser Theorie die Frauen nicht. Diese verzerrte Wahrnehmung, die in der Norm der geschlechtsspezifischen Arbeitsteilung wurzelte, trug dazu bei, Migrantinnen unsichtbar zu machen.

Die Frauen aus der Unsichtbarkeit herauszuholen ist das Hauptziel dieses bescheidenen Beitrags.

Tatsächlich tauchte der Begriff der «Feminisierung» der Migration erst in den 1990er-Jahren in der Forschung auf. Aber entsprechend der Auffassung, dass Frauen nur passive Subjekte sind, wurden die Migrantinnen als Ehefrauen wahrgenommen, die entweder zu Hause blieben oder ihren Männern folgten und somit die Migration erduldeten. Aus dieser Sicht sind die Frauen zwar als Familienmitglieder sichtbar, die mit der Führung des Haushalts betraut sind, für die aber die Männer aufkommen, die als Hauptversorger der Familien angesehen werden.

Nur mit einem neuen Ansatz können die Frauen als Akteurinnen der Migration wahrgenommen werden. Aus dieser Sicht werden Frauen als wirtschaftliche Akteurinnen und Initiantinnen von Geldüberweisungen berücksichtigt. Die diesem Thema gewidmeten Arbeiten zeigen, dass die Frauen – manchmal stärker als die Männer – an den wirtschaftlichen Aktivitäten, den Netzwerken und dem transnationalen Verkehr beteiligt sind.

Es ist nötig, den Genderaspekt des Migrationsprozesses zu verstehen. Die komplexen Beziehungen zwischen Gender und Migration werfen weiterhin Fragen in Forscherkreisen auf, aber auch bei Menschenrechtsorganisationen, in Bezug auf die Beziehung zwischen Migration und Verletzlichkeit, zwischen Migration und Einhaltung der Menschenrechte oder auch zwischen Migration und Gleichberechtigung von Mann und Frau.

Zwar haben sich die Studien über die Beziehung zwischen Gender und Migration vervielfacht, doch diejenigen, die das Verhältnis von Gender, Migration und Entwicklung explizit behandeln, sind seltener und stossen an Grenzen. Ihr Schwerpunkt liegt eher auf der «Feminisierung der Migration», was als quantitative Zunahme der Frauen in der Migration verstanden wird, aber auch als veränderter Ansatz zur Analyse des Phänomens Migration durch Einbezug des Genderaspekts.

Die Beziehung zwischen Gender und Migration kann auch unter dem Blickwinkel des «Empowerment» der Frauen betrachtet werden. Einige Arbeiten befassen sich mit der Frage: Wird in der Migration die Stellung der Frauen gestärkt, oder werden sie eher beherrscht? Die Komplexität der aktuellen grenzüberschreitenden Wanderbewegungen ist so gross, dass es keine einfache Antwort gibt. Die Wanderbewegungen sind nämlich zwiespältiger Art: Sie können sowohl Raum schaffen für eine Stärkung der Stellung der Frauen als auch Raum für die Verletzung der Grundrechte der Frauen. Wie dem auch sei: Mit den neuesten Forschungsarbeiten kann die Vorstellung geändert werden, die wir uns von den Migrantinnen der ersten Generation machten: abhängige Frauen, verschleierte Frauen, Opfer von Polygamie und sexuellem Missbrauch, von Zwangsheiraten usw. Die bisher vorherrschende Wahrnehmung, die es zu überwinden gilt, ignoriert, dass sich das Profil der Migrantinnen verändert hat und dass die weibliche Migration eine Reihe von positiven Eigenschaften angenommen hat, die je nach Generation, Herkunftsland und Dauer des Aufenthalts im Aufnahmeland variieren. Die Frauen, die heutzutage auswandern, und zwar selbstständig, wissen mehr und sind besser ausgebildet als diejenigen der ersten Welle, die im Rahmen des Familiennachzugs auswanderten.

Folgende Fragen stellen sich:

- Verstärkt die Globalisierung der Wanderungsströme die Präsenz der Frauen im öffentlichen Raum, oder führt sie vielmehr zu einer Privatisierung ihrer Migrationserfahrung?
- In welchen Tätigkeitsbereichen sind Migrantinnen am stärksten präsent? Wie sind ihre Arbeitsbedingungen? Mit anderen Worten: Wie verändert sich die geschlechtsspezifische Aufteilung des Arbeitsmarkts durch die Ankunft der Migrantinnen?
- Welchen Diskriminierungen sind sie in ihren Tätigkeitsbereichen ausgesetzt?
- Was sind die Auswirkungen der Migration auf den gesellschaftlichen Umgang der Geschlechter und auf den Status der Frauen allgemein? Verändert sie die Familienstrukturen?
- Wie sind die Zukunftsaussichten?

Auf diese verschiedenen Fragen soll vor allem mithilfe des Genderansatzes geantwortet werden. Im Rahmen dieses kurzen Beitrags beschränkt sich die Analyse dabei auf die beiden Aktivitäten, die die Arbeitserfahrung vieler Migrantinnen dominieren: diejenige der Hausangestellten und diejenige der Sexarbeiterinnen. In diesen beiden Bereichen erleiden Migrantinnen aus Entwicklungsländern, hauptsächlich aus afrikanischen und asiatischen Ländern, zahlreiche Verletzungen ihrer Grundrechte, sodass man von neuen Formen der Sklaverei sprechen kann.

Die Lage der im Haushalt beschäftigten Migrantinnen

In Europa fördert die hohe Erwerbsbeteiligung der Frauen eine starke Nachfrage nach Hausangestellten, ein Bereich, in dem Schwarzarbeit häufig ist.

Die Art der Beschäftigungen, die für Migrantinnen am häufigsten zugänglich sind, sorgt für eine Zementierung der geschlechtsspezifischen Arbeitsteilung, die doch gerade durch die Forderungen der Frauen in den Ländern des Nordens und die Gleichstellungspolitik infrage gestellt wird. Der Wandel der Familie und der allgemeine Zugang der Frauen zu Erwerbsarbeit führen dazu, dass Migrantinnen die Frauen bei der sozialen Reproduktion unterstützen. Ende der 1990er-Jahre war die Arbeit in Privathaushalten einer der bedeutendsten Sektoren, in denen Migrantinnen «schwarz» beschäftigt wurden. So wurde die Zahl weiblicher Hausangestellter in Europa auf über eine Million geschätzt, die meisten in irregulärer Situation.

Im Allgemeinen findet in diesem Sektor eine doppelte Segmentierung nach Geschlecht und nach Nationalität statt, da er fast ausschliesslich Frauen betrifft und die Art der Beschäftigung sich je nach Nationalität unterscheidet. In Belgien beispielsweise werden Frauen aus Osteuropa hauptsächlich als externe Haushaltshilfen beschäftigt, während Afrikanerinnen (mehrheitlich Nordafrikanerinnen), Philippininnen und Südamerikanerinnen im Haushalt leben. Zwischen Entlohnung und Arbeitsbedingungen dieser beiden Kategorien bestehen Unterschiede. So werden den externen oder papierlosen Haushaltshilfen nicht unbedingt tiefere Löhne gezahlt als einheimischen Frauen. Hingegen sind Hilfen, die im Haushalt leben, oft Opfer von Ausbeutung: niedrigere Löhne, längere Arbeitszeiten und schwerere Arbeit als für die Externen. Überdies sind sie stärker der

Gefahr körperlicher Gewalt oder gar sexuellen Missbrauchs ausgesetzt als externe Haushaltshilfen. Es besteht somit eine eigentliche Ethnisierung des Haushalts-Arbeitsmarkts infolge einer recht kulturalistischen Sicht der Eignung für die verschiedenen Aufgaben. So gelten Frauen aufgrund ihrer Nationalität, die mit einer «Herkunftskultur» in Verbindung gebracht wird, als geeigneter für bestimmte Arbeiten als andere. Damit kommt es zu einer eigentlichen ethnischen Bevorzugung für bestimmte Arbeiten, die sich im Übrigen selbst verstärken kann: Da die Rekrutierung zu einem guten Teil über Mund-zu-Mund-Propaganda erfolgt, begünstigt dies den Zugang von Arbeitnehmern derselben Nationalität zu den gleichen Sektoren.

Die Randstellung, in die Migrantinnen oft gedrängt werden, lässt sie denken, sie würden nur akzeptiert, wenn sie in bestimmten Tätigkeitsbereichen verblieben, was den niedrigen Status zeigt, der ihnen von den Mitgliedern der autochthonen Mehrheit zugewiesen wird. Die Arbeit im Haushalt ist somit ein besonderer Beschäftigungssektor, da er ein sehr starkes Ausbeutungssystem schafft, das auf den persönlichen Beziehungen zwischen Arbeitgebern und Angestellten beruht und wo der Arbeitgeber sehr viel mehr als nur Arbeit erwartet. Umfragen[1] haben gezeigt, dass die Fähigkeiten der angestellten Frauen nicht das Hauptkriterium für die Arbeitgeber sind. Viel häufiger nennen diese Charaktereigenschaften: Gefügigkeit, Freundlichkeit, Zärtlichkeit, Höflichkeit usw. Das bedeutet, dass die Hausangestellte als Ergänzung oder gar als Ersatz der Hausfrau angesehen wird, und macht verständlich, warum die Frauen dazu neigen, die Hausarbeit als eine informellere Tätigkeit anzusehen als andere Berufe.

Der Globalisierungsprozess hat die Tendenz zu einer zunehmenden Auslagerung der Hausarbeiten beschleunigt. In vielen europäischen Ländern (Frankreich, Belgien, Spanien, Italien) ist eine starke Zunahme der Beschäftigung im Haushalt zu beobachten, und die staatliche Politik fördert die Schaffung von «Arbeitsplätzen im Nahbereich» und «Familienarbeitsplätzen».

Die Unterhaltungsbranche: die sexuelle Versklavung

Aus Anlass des 23. Augusts, des internationalen Tags der Erinnerung an den Sklavenhandel und dessen Abschaffung, hat die internationale Gemeinschaft unterstrichen, dass es Sklaverei nach wie vor gibt und dass sie neue Formen annimmt: Zwangsarbeit, Prostitution, Arbeit unter schwierigen und unmenschlichen Bedingungen, Menschenhandel usw.

Gemäss Zahlen der Vereinten Nationen waren in den letzten zehn Jahren über 30 Millionen Menschen weltweit Opfer von Menschenhandel, davon rund 10 Millionen Mädchen im Alter von 5 bis 15 Jahren, die als Arbeitskräfte oder in die Zwangsprostitution verkauft wurden.

Epizentrum dieses weltweiten Handels ist Asien. Man schätzt, dass in Indien 200 000 nepalesische Frauen Opfer dieses illegalen Handels sind, mit einem durchschnittlichen Strom von 5000 bis 7000 Frauen pro Jahr. Mindestens 20 Prozent von ihnen sind junge Mädchen, die weniger als 16 Jahre alt sind. Von den geschätzten 2,3 Millionen Frauen in Indien, die zur Prostitution gezwungen werden, sind ein Viertel Minderjährige aus Nepal und Bangladesch. In Indien gibt es über 1000 «Rotlichtquartiere».

Thailand wiederum ist Zielort von rund 20 000 bis 30 000 burmesischen Frauen, die Opfer von lügnerischen Arbeitsversprechungen sind. 2010 wurde die Zahl ausländischer Frauen, die in Thailand Opfer von Menschenhandel sind, auf über 2 Millionen geschätzt.

Menschenhandel ist die abscheulichste moderne Form des Sklavenhandels. In zahlreichen Weltregionen ist dieses Verbrechen zu einem lukrativen Geschäft geworden, und Hauptopfer sind junge Frauen und minderjährige Mädchen. Das Räderwerk des Menschenhandels ist gross und komplex. Alle möglichen Methoden werden angewandt, um die Opfer einzufangen, wie Entführung, Drohungen, Einsatz von Drogen, falsche Versprechungen von gut bezahlten Arbeitsplätzen, Scheinehen und sonstige Formen des Betrugs und der Verführung. Infolgedessen ist dieser Menschenhandel zu einem Geschäft geworden, das von internationalen Mafia-Netzwerken kontrolliert wird.

Bei der Migration in Richtung der Golfstaaten zum Beispiel sind Migrantinnen, insbesondere aus den Maghreb-Staaten, Opfer dieses Handels. Ihre Lage in diesem arabisch-muslimischen geografischen und kulturellen Raum nimmt Muslime besonders in die Pflicht, vor allem wegen der Einrichtung der Kafala und den Befugnissen des Kafil.[2] Ursprünglich sollte diese Einrichtung dem Schutz der Ausländerinnen dienen, aber sie wurde zweckentfremdet, geriet rasch ausser Kontrolle und reduziert nun den Migranten und die Migrantin auf Sklavenstatus.

Tatsächlich finden sich zahlreiche getäuschte Migrantinnen in der Prostitution oder in anderen mit dem Sexgewerbe verbundenen Aktivitäten wieder, zum Beispiel in der Freizeitindustrie, im Tourismus oder im

Gastgewerbe. Arbeiten zu diesem Thema, das als Tabuthema gilt, sind selten. Die von Mohamed Khachani[3] realisierte Untersuchung gibt uns Einblick in diesen verborgenen Aspekt der weiblichen Migration in den Golfstaaten.

Das typische Profil von Migrantinnen, die zu Opfern des Menschenhandels werden, ist praktisch überall gleich: Sie sind arm, ungebildet und stammen oft aus Stadtrand-Milieus. Die Hauptursache für die Verwundbarkeit dieser Frauen ist die wirtschaftliche Not, in der ihre Familien leben. Der dringende Wunsch, die soziale und wirtschaftliche Lage ihrer Familie zu verbessern, treibt Tausende von armen Frauen dazu, in die Golfstaaten auszuwandern. Die Schliessung der Grenzen in Europa, die Zugehörigkeit zum arabisch-muslimischen Kulturraum (Sprache, Religion, Traditionen), die Beschäftigungsmöglichkeiten (Hausarbeit, Coiffeurgewerbe, Pflege, Hotellerie) bilden die wichtigsten Pull-Faktoren.

Sehr häufig, wie den Untersuchungen von Khachani zu entnehmen ist, enden Hunderte von Migrantinnen, die in die Golfstaaten gekommen sind, um als Coiffeusen, Hostessen, Pflegerinnen, Köchinnen usw. zu arbeiten, eingesperrt, geschlagen und zur Prostitution gezwungen.

Es wäre jedoch allzu einfach, anzunehmen, dass nur wirtschaftliche Not zu dieser Art Menschenhandel führt. In Wirklichkeit hängt dieser Handel mit der Globalisierung, dem Konsumdenken, der Freihandelswirtschaft, einer wirtschaftlichen und sozialen Krisensituation in den Herkunftsländern und den dadurch ausgelösten Wanderbewegungen zusammen. In solchen Notlagen werden Frauen und Mädchen leichte Beute für Menschenhändler.

Die in die Golfstaaten eingewanderten Frauen werden diskriminiert und leben unter prekären Verhältnissen. Ihr Pass und andere amtliche Dokumente werden eingezogen, und sie geniessen nicht mehr den sozialen und rechtlichen Schutz ihres Herkunftslands.

Sowohl in Privathaushalten wie bei Sexarbeit werden Migrantinnen in sogenannt weiblichen Tätigkeiten beschäftigt, wo die Männer herrschen und wo Gefügigkeit und Gehorsam, die traditionell als weibliche Eigenschaften gelten, verlangt werden. Isoliert und hilflos, sind diese Arbeitnehmerinnen – Hausbedienstete und «Hostessen» – die Hauptopfer jeglichen Missbrauchs, einschliesslich des sexuellen Missbrauchs.

Zukunftsaussichten

Obwohl noch nicht alle Aspekte des Zusammenhangs von Gender und Migration theoretisch analysiert sind, hat der Einbezug des Genderaspekts in die Arbeiten zur Migration Folgendes ermöglicht:

- unsere traditionelle Sicht der Rolle der Frauen im Migrationsprozess zu verändern,
- Licht auf die Bedingungen zu werfen, unter denen die Migration von Frauen und von Männern erlebt wird,
- die verschiedenen Auswirkungen der Migration von Frauen auf Familienstrukturen, den Status von Frauen, die sozialen Geschlechterbeziehungen usw. zu beleuchten.

In diesem Sinne ist es notwendig, die Forschung über die verborgenen Aspekte der Migration von Frauen weiter zu fördern und zu vertiefen.

Die beiden Tätigkeitsbereiche, in denen Migrantinnen besonders häufig aktiv sind, nämlich die Arbeit im Haushalt und die Arbeit in der Unterhaltungsbranche, erfordern einerseits eine genauere Analyse:

- der – weitgehend zersplitterten und informellen – Struktur des Arbeitsmarkts, welche die Aufnahmeländer prägt, da die Anwerbung von Arbeitskräften nach Geschlechtern getrennt erfolgt,
- der patriarchalischen Strukturen in den Herkunftsländern, wo die Frauen als minderwertig gelten und der Gewalt des patriarchalischen Systems unterworfen sind.

Andererseits müssen Massnahmen ergriffen werden, um die Migrantinnen in diesen Tätigkeitsbereichen zu schützen, die durch Verwundbarkeit und Verstösse gegen elementare Menschenrechte geprägt sind.

Die Wahrung der Rechte von Migranten und Migrantinnen steht im Zentrum der Problematik von Aufnahme und Integration, die im Kontext der Wirtschaftskrise zu Beginn des 21. Jahrhunderts durch eine nur allzu offensichtliche Fixierung auf nationale Identitäten und Vorrechte geprägt wird. Noch immer stellt sich auch die Frage der Umsetzung der Internationalen Konvention zum Schutz der Rechte aller Wanderarbeitnehmer und ihrer Familienangehörigen, die 1990 unterzeichnet wurde und 2003 in Kraft trat.

Essay übersetzt aus dem Französischen.

1 Judith Rollins (1990), «Entre femmes [Les domestiques et leurs patronnes]», in: *Actes de la recherche en sciences sociales*, 84(1), September, S. 63–77, http://www.persee.fr/doc/arss_0335-5322_1990_num_84_1_2951 (Zugriff 16. 12. 2016).

2 Durch das System der «Bürgschaft» (Kafala) wird in den Golfstaaten der Arbeitsmarkt für ausländische Arbeitskräfte gesteuert. Der Staat verleiht einem «Bürgen» (Kafil) das Privileg, Arbeitsmigranten anzuwerben und diese gegenüber staatlichen Stellen zu vertreten. Die Migranten werden dadurch vollständig vom Kafil abhängig. Anm. d. Herausgeber.

3 Mohamed Khachani (2007), *Les femmes immigrées marocaines dans les pays du Golf*, Publication Fondation Hassan II pour les RME.

Bedingungen erfolgreicher Integration von Flüchtlingen in Deutschland

Friedrich Heckmann

1. Zur Einführung

Mit der Öffnung der Grenzen in Österreich und Deutschland am 5. September 2015 zur Abwendung einer humanitären Katastrophe kamen Hunderttausende von Flüchtlingen nach Deutschland. In einem gesellschaftlichen Kraftakt von Staat und zahllosen Helfern aus der Zivilgesellschaft konnte zunächst die Erstversorgung der Flüchtlinge gesichert werden. In der Begeisterung für die eigene Tat, die noch durch bewundernde Reaktionen des Auslands verstärkt wurde, war auch die Einschätzung der Integrationschancen der neuen Flüchtlinge optimistisch. Insbesondere in Bezug auf die Flüchtlinge aus Syrien glaubte man sogar ein Potenzial für einen Beitrag zur Schliessung der sogenannten Fachkräftelücke zu erkennen. Im Jahr 2016 haben sich jedoch bei Experten und in der Öffentlichkeit zunehmend skeptische bis pessimistische Einschätzungen über die Erfolgsmöglichkeiten einer Integration der Flüchtlinge in den Vordergrund gespielt.

Im Folgenden soll versucht werden, jenseits von Optimismus oder Pessimismus, analytisch Bedingungen für die erfolgreiche Integration der neuen Bevölkerungsgruppen aufzuzeigen. Bevor wir dies mithilfe eines theoretischen Modells zur Integration von Migranten unternehmen, beginnen wir mit vier Thesen zur mittelfristigen Entwicklung der Lage der Flüchtlinge in Deutschland.

2. Vier Thesen zur Entwicklung der Lage der Flüchtlinge

Das Thema dieses Beitrags sind Bedingungen erfolgreicher Integration. Was aber kann das heissen: erfolgreiche Integration? *Erwerb der vollen gesellschaftlichen Mitgliedschaft* ist der Kern des Integrationsbegriffs und die Antwort auf die Frage. Die Formulierung «erfolgreiche Integration» ist ein den Diskursen der Praxis entstammender Begriff, der soziologisch als

Abnahme von Unterschieden zwischen Gruppen verstanden wird. Die Unterschiede beziehen sich auf strukturelle, kulturelle, soziale und identifikative Merkmale und das Verschwinden ethnischer Grenzziehungen zwischen Gruppen.

These 1: Die für die nächsten Jahre realistische Erwartung an die Eingliederung der Flüchtlinge ist Minderheitenbildung.
In Hinsicht auf die Zuwanderung von Flüchtlingen geht es um den Beginn von Integrationsprozessen – und daher ist in der nächsten Zeit Minderheitenbildung zu erwarten, nicht erfolgreiche Integration. Letztere ist ein Projekt, das sich über Generationen erstreckt. Zudem muss man daran erinnern, dass die meisten Flüchtlinge zurückwollen, wenn die Konflikte, die sie vertrieben haben, beigelegt sind. Gelingt das nicht, nähern sich die Motive von Flüchtlingen im Zeitverlauf immer mehr denen von Arbeitsmigranten an und sind auf ein Bleiben ausgerichtet.

These 2: Integration kann scheitern.
Wenn wir von erfolgreicher Integration sprechen, implizieren wir auch, dass Integration scheitern kann. Es trifft in der Tat zu, dass Eingliederungsprozesse keineswegs immer zu Integration führen und in diesem Sinne nicht «erfolgreich» verlaufen, sondern dass verschiedene Resultate möglich und empirisch beobachtbar sind, zum Beispiel:

- ethnische Schichtung, Unterschichtung
- Marginalisierung
- reaktive Ethnizität

Ethnische Schichtung bedeutet, dass sich Merkmale sozialer Schichtung systematisch mit Merkmalen ethnischer Zugehörigkeit verbinden. Ethnische Schichtung ist die Folge massiver Benachteiligungen. *Marginalisierung* bedeutet, dass Personen die Mitgliedschaft in ihrer Herkunftsgruppe verloren haben, aber noch keine neuen Gruppenmitgliedschaften erworben haben. *Reaktive Ethnisierung* bedeutet, dass man als Reaktion auf Diskriminierung sich aus Protest auf seine ursprüngliche ethnische Herkunft und Identität besinnt.

These 3: Es besteht ein Zusammenhang zwischen erfolgreicher Integration und begrenzter Zuwanderung.
Die Aufgabe der Integration muss einer *Ressourcen- und Kapazitätsbetrachtung* unterzogen werden. Vielerlei Leistungen müssen aufseiten der Migranten und von der aufnehmenden Gesellschaft erbracht werden. Migranten müssen sich einem Prozess der Neu-Sozialisation unterziehen, neue Kommunikationsformen erwerben, Institutionen und Kultur des Einwanderungslandes begreifen und durchlaufen. Die aufnehmende Gesellschaft muss eine Vielzahl materieller, psychischer und politischer Leistungen erbringen.

Da Leistungserbringung und Ressourcenproduktion den Gesetzen von Knappheit und Zeit unterworfen sind, ergibt sich bei den Migranten, vor allem aber bei der aufnehmenden Gesellschaft eine Kapazitätsgrenze für eine Konflikt vermeidende Erbringung von Integrationsleistungen. Wo diese liegt, kann nicht genau berechnet werden. Aber man kann bestimmte Krisenindikatoren betrachten und zum Schluss kommen, dass der gesellschaftliche Zusammenhalt bedroht und Gegensteuer notwendig ist. Dies kann nationalistischen Impulsen gehorchen, oder man kann versuchen, in europäischer Zusammenarbeit Migration zu steuern. Die Implikation des Zusammenhangs zwischen gesteuerter Migration und Integration ist, dass erfolgreiche Integration an gesteuerte und begrenzte Zuwanderung gebunden ist.

These 4: Integration ist in Deutschland bisher relativ erfolgreich verlaufen.
Die Entwicklung in Deutschland folgt bisher einem Pfad fortschreitender Integration von Migranten:

- Es besteht ein Zusammenhang zwischen Aufenthaltsdauer und Grad der Integration (Diehl und Schnell 2006);
- die zweite Generation ist im Allgemeinen besser integriert als die erste (ibidem);
- Differenzen zwischen Personen mit und ohne Migrationshintergrund werden im Zeitverlauf geringer (Lutz und Heckmann 2010);
- Integrationsberichte zeigen, dass trotz bestehender gravierender Defizite der Integrationsprozess insgesamt fortschreitet.

3. Die Erklärung erfolgreicher Integration von Flüchtlingen

Integration von Flüchtlingen ist zu verstehen als ein spezifischer Fall der Integration von Migranten. Abbildung 1 zeigt die Dimensionen, die in Bezug auf die Integration von Flüchtlingen zu beachten sind. Das Modell geht von drei Ebenen der Integration aus, die in ihrem Zusammenspiel Integration erklären. Letztlich geht es um die Erklärung des individuellen Integrationserfolgs, wie er durch gesamtgesellschaftliche Rahmenbedingungen und gruppenspezifische Organisationsstrukturen (Mesoebene) bedingt ist. Die Beziehungen zwischen den einzelnen Pfaden werden im Laufe der folgenden Argumentation näher erläutert.

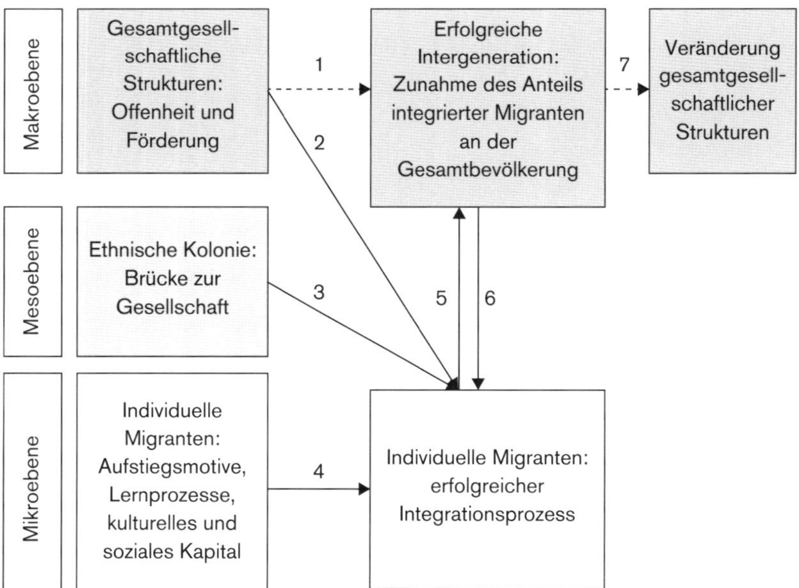

Abb. 1: Der Weg zu erfolgreicher Integration.

Quelle: Heckmann (2015, 289).

3.1. Gesamtgesellschaftliche Strukturen

3.1.1. Offenheit

Offenheit als zentrale gesellschaftliche Dimension von Integrationspolitik bezieht sich zunächst darauf, dass die Sicherung des Lebens in den modernen Gesellschaften vom Zugang zu und der Mitgliedschaft in zentralen wirtschaftlichen und wohlfahrtsstaatlichen Institutionen abhängt. Zugang zum Arbeitsmarkt und zu selbstständiger wirtschaftlicher Tätigkeit, Mitgliedschaft in den sozialen Sicherungssystemen für Krankheit, Arbeitslosigkeit, Alter, Zugang zum Bildungssystem und Wohnungsmarkt sind zentrale Aspekte der Sicherung des Lebens. Offenheit bedeutet weiterhin, dass Menschen bereit sind, mit Zuwanderern in den verschiedensten Bereichen persönliche Beziehungen aufzunehmen.

Vorurteile und Diskriminierung können Offenheit bedrohen oder verunmöglichen. Starke Zuwanderung kann Rassismus und Ethnozentrismus, der bei stabilen 15 Prozent der Bevölkerung latent vorhanden ist, die Chance geben, in die Öffentlichkeit zu treten und die soziale Kontrolle zu überspielen, die in «normalen Zeiten» wirkt. Darüber hinaus ist die Offenheit bedroht durch einen Rechtspopulismus, der wenig gefestigte und informierte Menschen durch Falschinformationen, Halbwahrheiten und Gerüchte beeinflusst. Es ist allerdings bemerkenswert – und neu in der Geschichte Deutschlands –, dass der Einsatz für Offenheit auch von den Eliten in Wirtschaft und Gesellschaft kommt, die ungefähr seit der Jahrhundertwende eine realistische Politik für Migration und Integration befürworten.

3.1.2. Förderung

Offenheit reicht nicht für erfolgreiche Integration. Es müssen massive materielle, psychische und kulturell-soziale Investitionen getätigt werden, die wir im Folgenden an Beispielen veranschaulichen.

Strukturelle Integration: Arbeitsmarkt

Die «Gastarbeiter» der 1960er-Jahre konnten mehr oder minder sofort produktiv eingesetzt werden. Vorherrschend war noch die klassische Industriegesellschaft mit Taylorismus und repetitiver Teilarbeit. Die moderne Wissensgesellschaft hat zum Verschwinden vieler unqualifizierter Helfertätigkeiten und zu einem Anstieg der Qualifikationsanforderungen geführt. Zwar sind auch neue Tätigkeiten mit geringen Qualifikationsprofilen entstanden, vor allem im Dienstleistungsbereich, aber auch hier gehören Kenntnisse der deutschen Sprache zu den üblichen Anforderungen.

Szenarien zur Entwicklung der Erwerbstätigen nach Qualifikation bis 2030 (Prognos 2006) zeigen, dass die Nachfrage nach qualifizierten Arbeitskräften weiter stark ansteigt, die Nachfrage nach wenig qualifizierten Tätigkeiten aber weiter abnimmt. Aufgrund von Sprachproblemen, beträchtlichen Bildungsnachteilen und/oder nicht sofort einsetzbaren Qualifikationen und Kompetenzen vergrössern die Flüchtlinge das Arbeitskräfteangebot im unqualifizierten Bereich mit vergleichsweise hoher Arbeitslosigkeit. Dadurch entsteht eine grosse Herausforderung in Bezug auf Sprach- und Qualifikationsentwicklung der neuen Migranten. Bei gelingendem Spracherwerb wird es besser möglich sein, vorhandene Qualifikationen zu nutzen bzw. sie an die Erfordernisse einer modernen Wirtschaft und Gesellschaft anzupassen.

Positiv ist, dass das gesamte Spektrum der auf den Arbeitsmarkt bezogenen Förderung für Flüchtlinge einsetzbar ist und dass von Unternehmen, Verbänden und Kammern zahlreiche Initiativen und eine grundsätzlich positive Grundhaltung zur Arbeitsmarktintegration von Flüchtlingen festzustellen ist.

Kulturelle Integration

Als kulturelle Integration bezeichnen wir den Erwerb von kulturellen Kompetenzen und die Übernahme zentraler Werte einer Gesellschaft. Hier soll nur auf die Erwartung eingegangen werden, dass sich Flüchtlinge über gut gemeinte staatsbürgerliche Kurse «unsere Werte» möglichst schnell aneignen.

Die Integration von Migranten ist als ein Sozialisationsprozess zu verstehen. Sozialisation besteht dabei zum einen aus *intentionalen Prozessen* der Erziehung, zum anderen aber aus nichtintentionalen Prozessen, die im Alltagshandeln in allen möglichen Interaktionen als Lernprozesse stattfinden. Sozialisation ist also:

1. mehr als Erziehung und direkte didaktische Vermittlung von Kenntnissen;
2. mehr als die einfache Hereinnahme bzw. die Verinnerlichung von Werten und anderen kulturellen Inhalten, da das Individuum auf Werteinflüsse reagiert, diese verarbeitet, organisiert und verändert.

3. Realistischerweise ist daher statt von einem «Trichtermodell» von einem «Person-Umwelt-Interaktionsmodell» der Sozialisation auszugehen.

Was sind die Folgerungen für eine Politik der Wertevermittlung gegenüber einer grossen Zahl von neuen Zuwanderern? Sofern das Befolgen von Regeln nicht durch mitgebrachte Werte sichergestellt ist, muss es durch Kenntnisvermittlung, soziale Kontrolle und Sanktionen erreicht werden. Die Wertevermittlung ist aber ein meist nichtintentionaler Prozess, der kaum abgekürzt werden kann, erst recht nicht durch «Eintrichtern».

Ähnliches gilt für die Betonung einer «deutschen Leitkultur», wie sie zum Beispiel in Bayern Praxis ist. Der Begriff evoziert die Wiederbelebung und Verstärkung der Herkunftsidentität aus einem Gefühl der mangelnden Anerkennung und Diskriminierung heraus (reaktive Ethnizität).

Soziale Integration

Soziale Integration, also die Aufnahme persönlicher Beziehungen zu Personen der Aufnahmegesellschaft, hängt stark von den Kontaktmöglichkeiten und Kontaktbereitschaften ab. Die Vermittlung solcher Beziehungen kann erfolgen über Kontakt- und Begegnungsprogramme, über Feste, Sport und Spiele und andere gemeinsame Freizeitaktivitäten, aber nicht über jede Art von Kontakt. Statusgleichheit, das Fehlen von Konkurrenz, die Dauer des Kontakts sowie die Notwendigkeit, für gemeinsame Ziele zusammenzuarbeiten, sind besonders förderlich für den Abbau von Vorurteilen.

3.2. Ethnische Kolonien

Ethnische Kolonien sind zum einen Formen ethnischer Selbstorganisation und von Wohnkonzentration, die als institutionelle Antwort auf die Bedürfnisse der Migranten entstehen; zum anderen sind sie eine «Verpflanzung» und Fortsetzung sozialer Beziehungen, die bereits in der Herkunftsgesellschaft existierten. Sie unterstützen Integration, wenn sie als Brücke zur Mehrheitsgesellschaft dienen, sonst werden sie zur ethnischen Mobilitätsfalle.

Eine Politik der temporären Residenzpflicht für Neumigranten kann Tendenzen der Isolation und problematischen Minderheitenbildung entgegenwirken. Sie wird aber mittelfristig nur funktionieren, wenn auch in kleinstädtischen und ländlichen Regionen Qualifikationsmassnahmen und Arbeitsplätze vorhanden sind oder geschaffen werden und wenn Mobilitätschancen für Flüchtlinge gewahrt werden.

3.3. Motive, Kompetenzen

Auf der Mikroebene der Analyse unterscheiden wir Motive, Kompetenzen und Ressourcen der individuellen Migranten. Arbeitsmigranten wollen durch die Migration vor allem ihre Lebensverhältnisse verbessern, was ihnen «zu Hause» nicht möglich erschien. Sozialer Aufstieg und Verbesserung der Lebensverhältnisse erklären immer wieder die starke Leistungs- und Lernbereitschaft von Arbeitsmigranten.

Politische Flüchtlinge und Vertriebene suchen Schutz vor Verfolgung in einem anderen Land und sind in ihren Motiven, Zielen und Bestrebungen häufig auf eine Rückkehr in ihr Herkunftsland orientiert. Wenn sich diese nicht schnell realisieren lässt, gleicht sich ihre Motivation jener der Arbeitsmigranten an.

Aus der Flüchtlingsforschung wissen wir allerdings, dass längere Lageraufenthalte mit erzwungener Untätigkeit und unter bedrückenden Unterbringungsbedingungen eine deprimierende Wirkung haben, die die spätere Integration erschweren. Die Aufhebung solcher Situationen ist also nicht nur ein Gebot der Menschlichkeit, sondern im Interesse der gesamten Gesellschaft.

4. Langfristig: neue Nationenbildung

Was bedeuten die dargestellten Zusammenhänge für die Gesellschaft in langfristiger Perspektive? Was geschieht mit den Menschen, die einen erfolgreichen Integrationsprozess durchlaufen haben?

Über die erfolgreiche Integration, die ja kein Assimilationsprozess ist, verändert sich die Zusammensetzung der Bevölkerung. Zunehmende Vielfalt bei gleichzeitig zunehmenden Gemeinsamkeiten kennzeichnet diese Entwicklung. Wir nennen dies «neue Nationenbildung». Es ist die (nicht unverständliche) Scheu vor dem Nationsbegriff, der Autorinnen und Autoren wie zum Beispiel Foroucan, Hess oder Schiffauer dazu geführt hat, diesen Prozess als Entwicklung einer «postmigrantischen Gesellschaft» zu bezeichnen.[1] Wer sich dieser Verlegenheitslösung nicht anschliessen will, kann sich an die demokratische und emanzipatorische Tradition des Nationsbegriffs der Aufklärung und der ersten Hälfte des 19. Jahrhunderts erinnern.

«Nation» ist dabei ein schwieriger, unscharfer, aber auch in Zeiten wachsender transnationaler Prozesse wirkungsmächtiger und analytisch unverzichtbarer Begriff, der in seinen unterschiedlichen Bedeutungen stark durch die jeweiligen Verwendungszusammenhänge bestimmt ist. Uns erscheint es im Kontext von Integration vor allem wichtig, dass über den Nationsbegriff Vorstellungen von Zugehörigkeit und Mitgliedschaft zu einer politisch-sozialen Grossorganisation und «vorgestellten Gemeinschaft» (Anderson 1988) konstituiert werden. Nationalgesellschaften und Nationalstaaten sind noch immer der rechtliche Rahmen und Raum, in dem Integration stattfindet.

Allerdings kommt es hierbei stark auf das zugrunde gelegte Nationskonzept an.[2] Gegenüber einem ethnokulturellen Nationsbegriff, für den geglaubte gemeinsame Abstammung konstitutiv ist, erlaubt nur die «Logik» eines auf gemeinsamen Werten beruhenden *politischen Nationsbegriffs* auch die Aufnahme von «Fremden» in den nationalen Zusammenhang und damit deren Integration.

Das «Wir» des Nationsbegriffs sind nicht dieselben Menschen und deren Nachkommen, die es noch vor Jahrzehnten waren. Andere sind hinzugekommen und haben auch das alte «Wir» verändert. Die Bundesrepublik Deutschland befindet sich im Grunde seit dem Ende des Zweiten Weltkriegs in einem permanenten Prozess von Integration und neuer Nationenbildung. Die Integration von Millionen von Flüchtlingen, Aussiedlern und ausländischen Migranten sind Hauptmomente dieses andauernden Prozesses. Seit den 1990er-Jahren trat die deutsche Wiedervereinigung als zentrale Integrationsaufgabe hinzu. Deutschland ist also ein Land mit umfassender Integrationserfahrung, die bei der Integration von Flüchtlingen und weiteren Migranten genutzt werden kann.

1 Mediendienst Integration vom 2. 12. 2013 (http://mediendienst-integration.de/artikel/rat-fuer-migration-integration-postmigrantisch-wissenschaft-forschung-anerkennung.html, Zugriff 17.12.2016).

2 Für eine ausführliche Diskussion von Nationsbegriffen vgl. Heckmann 1992, S. 51–54 und 214–219.

Bibliografie

Anderson, Benedict (1988), *Die Erfindung der Nation. Zur Karriere eines folgenreichen Konzepts*. Frankfurt am Main, New York: Campus.

Diehl, Claudia und Rainer Schnell (2006), «‹Reactive Ethnicity› or ‹Assimilation›? Statements, Arguments, and First Empirical Evidence for Labour Migrants in Germany». In: *International Migration Review*, 40(4), S. 786–816.

Heckmann, Friedrich (1992), *Ethnische Minderheiten, Volk und Nation. Soziologie interethnischer Beziehungen*. Stuttgart: Enke Verlag.

Heckmann, Friedrich (2015), *Integration von Migranten. Einwanderung und neue Nationenbildung*. Wiesbaden: Springer.

Lutz, Anna und Friedrich Heckmann (2010), *Die Bevölkerung mit Migrationshintergrund in Bayern. Stand der Integration und integrationspolitische Massnahmen*. Expertise für das Bayerische Staatsministerium für Arbeit und Sozialordnung, Familie und Frauen. München.

Prognos AG (2006), *Deutschland Report 2030*. Basel.

Fiskalische Folgen der Immigration in der langen Frist

George Sheldon

Bei der Untersuchung der fiskalischen Auswirkung von Immigration geht es um die Frage nach dem Verhältnis zwischen dem, was Einwandernde in Form von Steuern und Beiträgen in die Staatskasse und Sozialversicherungen einzahlen, und dem, was sie an Zuwendungen und Leistungen erhalten. Wer finanziert im Saldo wen: die Ausländer die Einheimischen oder umgekehrt? Eine Antwort hierauf liefert eine Fiskalbilanz, welche die Menge an staatlichen Leistungen, die Ausländer beziehen, mit deren Finanzierungsbeiträgen vergleicht. Übersteigen die Beiträge die erhaltenen Leistungen bzw. fällt die Fiskalbilanz positiv aus, ist die Immigration aus der Sicht des Staatshaushalts für das Zielland profitabel.

Die Frage nach dem fiskalischen Effekt der Immigration ist aus einer Reihe von Gründen migrationspolitisch zentral. Umfragen (u. a. Liebig, Mo 2013) zeigen zum Beispiel, dass Einheimische Zuwanderungen eher ablehnend gegenüberstehen, wenn sie das Gefühl haben, die Immigranten würden ihren vollen Anteil nicht bezahlen. Dustmann und Preston (2007) liefern sogar überzeugende Nachweise dafür, dass die Befürchtung, dass Immigranten ihren Beitrag nicht vollständig leisten, die Gemüter stärker erregt als die Angst, dass die Einwanderer die Arbeitsplätze oder Löhne der Einheimischen bedrohen. Politiker nehmen solche Sorgen des Wahlvolkes auch sehr ernst. Dies bezeugen aktuelle Bestrebungen der Gesetzgeber in England und Deutschland, den Anspruch der Immigranten auf Sozialleistungen einzuschränken.

Es gibt berechtigte Gründe zur Annahme, dass Ausländer die Staatskasse anders belasten als Einheimische, denn Immigranten und Ansässige unterscheiden sich in einer Anzahl von Merkmalen wie Bildung, Arbeitsmarkterfolg oder Aufenthaltsdauer, die den fiskalischen Beitrag des Einzelnen erfahrungsgemäss beeinflussen.

Andererseits herrscht in nicht wenigen modernen Industrienationen die Ansicht vor, die Immigration sei nötig, um dem Fachkräftemangel entgegenzuwirken, der mit der Alterung der Bevölkerung verbunden ist. Koste es, was es wolle.

Es gibt grundsätzlich zwei Arten von Ansätzen, um die fiskalische Auswirkung der Zuwanderung zu ermitteln: statische und dynamische. Statische Ansätze beziehen sich auf ein gegebenes Jahr und vergleichen die Steuern und Beiträge, die Immigranten oder Ausländer in die Staatskasse einzahlen, mit den staatlichen Leistungen, die diese beziehen. Der Vorteil des Verfahrens liegt in seiner Einfachheit sowie in dem Tatbestand, dass statische Ansätze sich auf historische Daten statt auf Vermutungen stützen. Der Nachteil besteht darin, dass sie nicht vorausschauend sind und streng genommen nur für einen einzigen Zeitpunkt gelten.

Dynamische Ansätze hingegen berechnen die Beiträge und Leistungsbezüge der Einwanderer über deren gesamtes Leben. Von Vorteil ist bei diesem Vorgehen naturgemäss die perspektivische Sicht, doch diese bedingt eine Vielzahl spekulativer Annahmen betreffend die künftige Entwicklung etwa der Erwerbsbeteiligung, der Arbeitsproduktivität, der Fertilität und des Rückwanderungsverhaltens der Einwanderer sowie betreffend die Steuereinnahmen und Ausgaben des Staates. Unterschiedliche Annahmen führen zu mitunter stark abweichenden Ergebnissen. Zudem sind dynamische Ansätze aufgrund ihrer Komplexität schwer durchschaubar. Es bleibt weitgehend verborgen, welche Faktoren für welche Resultate verantwortlich sind.

Aus den beiden Forschungsansätzen gehen trotz der Unterschiede einige gemeinsame Resultate hervor. Zu nennen sind vor allem folgende (Liebig, Mo 2013):

- Im Unterschied zur öffentlichen Wahrnehmung scheint die fiskalische Auswirkung der Zuwanderung quantitativ von nachrangiger Bedeutung zu sein. In den meisten Ländern beträgt sie selten mehr als ± 0,5 Prozent des Bruttoinlandsprodukts.
- Die Fiskalbilanz von Immigranten fällt in der Tat häufig negativ aus, doch dies ist eher auf ein niedrigeres Steuer- und Beitragsaufkommen als auf einen erhöhten Leistungsbezug zurückzuführen.
- Unterschiede zwischen den Fiskalbilanzen verschiedener Länder scheinen vor allem auf das unterschiedliche Altersprofil der Immigranten zurückzuführen zu sein: Länder mit einer verhältnismässig jungen (alten) ausländischen Wohnbevölkerung weisen in der Regel eine positive (negative) Fiskalbilanz auf.
- Besonders der Grad der Arbeitsmarktintegration scheint den fiskalischen Beitrag von Immigranten zu bestimmen, vor allem in Ländern mit grosszügigen Sozialsystemen.

In letzter Zeit sind Studien (vgl. etwa Dustmann, Fratinni 2014 oder SECO 2015) erschienen, die nahelegen, dass Neuimmigranten mehr zu den Staatsfinanzen ihres Ziellandes beitragen als die bereits dort ansässige ausländische Wohnbevölkerung. Dies erweckt den Eindruck, dass jene ausländische Wohnbevölkerung, welche die aktuelle Zuwanderung langfristig hervorbringt, die Fiskalbilanz der Ausländer verbessern wird. Dies muss allerdings nicht zutreffen, denn die Zusammensetzung der ausländischen Wohnbevölkerung, die sich aufgrund der aktuellen Zuwanderung langfristig bilden würde, muss keineswegs der Struktur der aktuellen Zuwanderungsströme entsprechen. Dies wäre nur dann der Fall, wenn die Sesshaftigkeit bei allen Immigranten einheitlich wäre. Anhand der folgenden Ausführungen, die sich auf die vom Verfasser betreute Dissertation von Nathalie Ramel (2015) stützen, soll dies demonstriert werden. Aus Gründen der Datenverfügbarkeit geschieht dies anhand des Beispiels Schweiz. Der Sachverhalt gilt jedoch für jedes beliebige Land.

Unser Vorgehen verbindet die Einfachheit des statischen Ansatzes mit dem perspektivischen Fokus des dynamischen Ansatzes. In einem ersten Schritt folgen wir dem dynamischen Ansatz und berechnen die Grösse und Zusammensetzung der künftigen ausländischen Wohnbevölkerung im langfristigen Gleichgewicht. Basis dieser Berechnungen ist das aktuelle Zuwanderungs- und Verbleibverhalten der kürzlich Zugewanderten. Aus diesen Werten wird mithilfe des von Nobelpreisträger Richard Stone (1970, 1972, 1973) entwickelten demografischen Input-Output-Modells das langfristige Gleichgewicht ermittelt. Der auf diese Weise geschätzten ausländischen Bevölkerung wird in einem zweiten Schritt und dem statischen Ansatz entsprechend die gleiche Inanspruchnahme und Finanzierung staatlicher Leistungen unterstellt wie den merkmalshomogenen Ausländern heute. Es handelt sich also um einen Ceteris-paribus-Vergleich, der zeigt, welche Auswirkung die aktuelle Zuwanderung aufgrund ihrer Zusammensetzung und ihres Verbleibverhaltens unter sonst gleichen Bedingungen auf die Fiskalbilanz der ausländischen Wohnbevölkerung langfristig hätte. Die Resultate dieser Berechnungen präsentieren wir in den nachfolgenden Grafiken.

Zunächst betrachten wir die Ergebnisse betreffend die Altersstruktur der ausländischen Wohnbevölkerung, die in Abbildung 1 erscheinen. Die erste Säule in der Grafik bezieht sich auf den Bestand an Ausländern im Zeitraum 2003 bis 2009, die zweite auf den Zuwandererstrom im gleichen Zeitraum und die dritte bzw. vierte auf den Ausländerbestand («Gleichgewicht»), der sich langfristig ergeben würde, wenn sich das aktuelle Zuwanderungs- und Verbleibverhalten der Ausländer verstetigen würde. Bei der dritten Säule werden Einbürgerungen als Austritte aus dem Ausländerbestand behandelt und deshalb nicht weiter betrachtet, während sie bei der letzten Säule weiterhin mitgezählt werden.

Wie die Grafik nun zeigt, waren die Zuwanderer im Zeitraum 2003 bis 2009 deutlich jünger als die bestehende ausländische Wohnbevölkerung: 70 Prozent der Immigranten waren zwischen 18 und 35 Jahre alt, verglichen mit einem Anteil von 39 Prozent im aktuellen Bestand. Doch trotz des unterstellten unaufhörlichen Zustroms junger Immigranten würde die ausländische Wohnbevölkerung langfristig dennoch altern. Der Anteil an 18- bis 35-Jährigen würde gegenüber ihrem heutigen Anteil von 39 auf 32 Prozent (ohne Eingebürgerte) bzw. 27 Prozent (mit Eingebürgerten) fallen, während sich der Anteil an über 65-Jährigen verdoppeln würde. Der Grund liegt darin, dass auch junge Immigranten mit der Zeit altern. Das Resultat bestätigt, was Demografen seit Langem sagen: nämlich dass Immigration kein geeignetes Instrument sei, um die Alterung einer Bevölkerung zu verhindern.

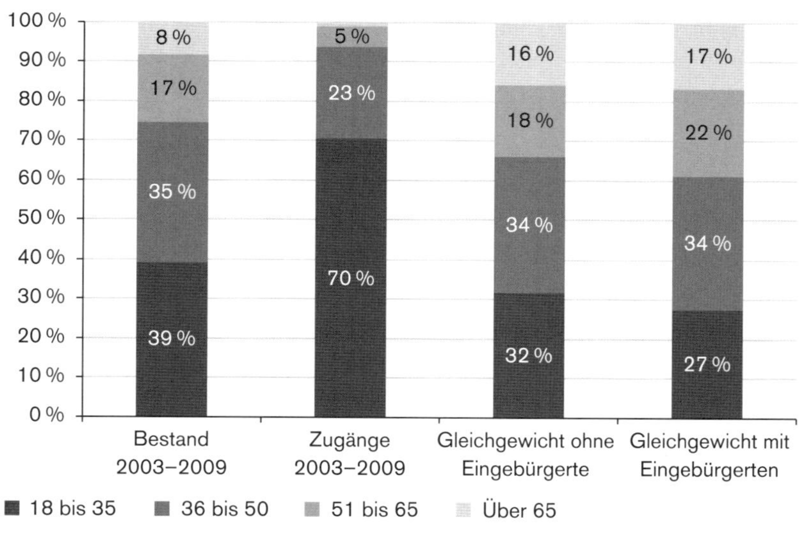

Abb. 1: Zusammensetzung der ständigen ausländischen Wohnbevölkerung ab 18 Jahren nach Alter.

Quelle: eigene Darstellung.

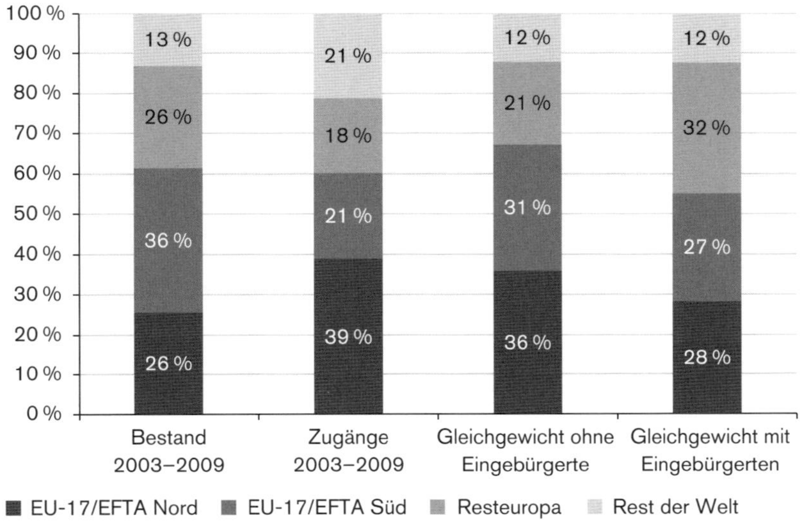

Abb. 2: Zusammensetzung der ständigen ausländischen Wohnbevölkerung ab 18 Jahren nach Herkunft.

Quelle: eigene Darstellung.

Abbildung 2 präsentiert die Ergebnisse betreffend die Herkunft der Ausländer. Dort ist festzustellen, dass 60 Prozent der Zuwanderer aus Ländern des nördlichen EU-17/EFTA-Raums (39 %) oder ausserhalb Europas (21 %) stammen, verglichen mit einem Anteil von 39 Prozent im aktuellen Ausländerbestand. Doch trotz des deutlichen Unterschieds wird der Anteil dieser Nationalitäten an der ausländischen Wohnbevölkerung lediglich auf 48 Prozent (ohne Eingebürgerte) bzw. 40 Prozent (mit Eingebürgerten) steigen. Das liegt daran, dass Immigranten aus diesen Ländern weniger lang in der Schweiz bleiben, was dann Abbildung 3 auch zu erkennen gibt.

Abbildung 3 gibt die durchschnittliche Dauer des Verbleibs der Immigranten unterschiedlicher Nationalitäten wieder, die ihre gegenwärtigen Rückwanderungsraten implizieren. Wie zu erkennen ist, bleiben Einwanderer aus den vorhin angesprochenen Regionen am kürzesten in der Schweiz. Auffallend ist die besondere lange Verbleibzeit von Nicht-EU-17-/EFTA-Europäern, besonders dann, wenn man die Eingebürgerten weiterhin zur ausländischen Wohnbevölkerung mitzählt. In diesem Fall steigt die Dauer gar auf 40 Jahre. Ein Grossteil der Menschen aus diesen Gebieten stammt aus Ex-Jugoslawien.

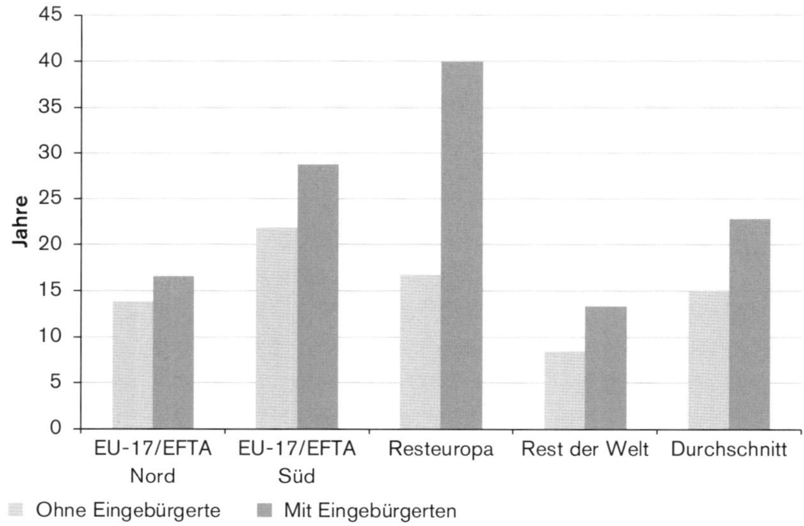

Abb. 3: Durchschnittliche voraussichtliche Verbleibzeit der Zuwanderer in die Schweiz nach Herkunft, 2003–2009.

Quelle: eigene Darstellung.

Die unterschiedliche Sesshaftigkeit der Nationalitäten hat auch bildungspolitische Konsequenzen, denn die Zuwanderer aus Ländern des nördlichen EU-17-/EFTA-Raums oder ausserhalb Europas sind – wie Abbildung 4 zeigt – mehrheitlich hochqualifiziert, während die Immigranten aus anderen Gebieten eher niedrig- bis bestenfalls mittelqualifiziert sind. Zusammen betrachtet, implizieren Abbildungen 3 und 4 somit, dass die Sesshaftigkeit der Zuwanderer mit ihrem Bildungsstand abnimmt. Kurzum: Hochqualifizierte kommen und gehen, während Niedrigqualifizierte kommen und bleiben. Diese Erkenntnis ist in der Migrationsforschung neu.

Die bisherigen Ergebnisse finden ihre Entsprechung in den nachfolgenden Fiskalbilanzen wieder. Es ist nämlich bekannt, dass junge, hochqualifizierte Einwanderer die Staatskasse der Zielländer in der Regel entlasten. Und so ist es auch hier. Dementsprechend zeigt Tabelle 1, dass die Fiskalbilanz der Ausländer in der Schweiz, die entweder aus dem nördlichen EU-17-/EFTA oder von ausserhalb Europas stammen und daher im Mittel höher gebildet sind, eindeutig positiv ist. Dies ist daran zu erkennen, dass das statistische Vertrauensintervall, das in der Tabelle zwischen «Min»

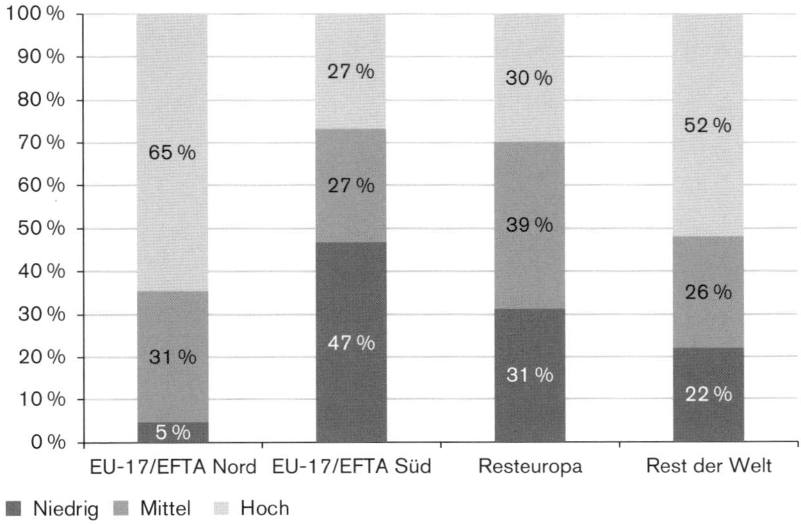

Abb. 4: Bildungsstand[1] der Zuwanderer in die Schweiz nach Herkunft, 2003–2009. *Quelle:* eigene Darstellung.

und «Max» streut und innerhalb dessen der Wert der Fiskalbilanz mit 95-prozentiger Wahrscheinlichkeit liegt, voll umfänglich im positiven Bereich liegt. Für Ausländer aus dem EU-17-Süden, die im Schnitt weniger gebildet sind, gilt das entsprechende Gegenteil. Gemäss der Tabelle betrug der monatliche Fehlbetrag im Zeitraum 2003 bis 2009 für diese Gruppe durchschnittlich 1099 Franken pro Haushalt. Für die verbleibenden Ausländer ausserhalb des EU-17-/EFTA-Raums ist die Lage weniger eindeutig, da das Vertrauensintervall den Wert Null mit einschliesst. Deshalb kann nicht mit ausreichender statistischer Sicherheit ausgeschlossen werden, dass die Fiskalbilanz in Wirklichkeit null beträgt bzw. ausgeglichen ist. Das Gleiche gilt für die ausländische Wohnbevölkerung als Ganzes («Total»). Das Ergebnis bestätigt den Befund einer Vielzahl ausländischer Studien, wonach die fiskalische Auswirkung der Immigration insgesamt quantitativ relativ unbedeutend ist. Allerdings zeigt unsere differenzierte Betrachtung erstmalig, dass dies nicht für alle Ausländergruppen gilt.

Vergleicht man nun die Fiskalbilanzen beruhend auf der heutigen Zusammensetzung der ausländischen Wohnbevölkerung («Bestand 2003–2009») mit jener der gegenwärtigen Zuwanderungen («Zuwanderung

2003–2009»), ist zu erkennen, dass sich die Fiskalbilanzen gegenüber der Gegenwart überall anheben. Zudem sind alle Transfersalden bis auf die Fiskalbilanz von europäischen Haushalten von ausserhalb des EU-17-/EFTA-Raums eindeutig positiv. Dies ergibt sich aus der Tatsache, dass Einwanderer überdurchschnittlich jung sind.

Doch da auch junge Menschen mit der Zeit altern und da Niedrigqualifizierte sesshafter sind, verschlechtern sich die Fiskalbilanzen der Immigranten langfristig. Wie die Tabelle zeigt, hat dies zur Folge, dass sich die Fiskalbilanz aller Ausländer gegenüber der Gegenwart nur wenig ändert und weiterhin nicht gegen null statistisch gesichert ist. Werden Eingebürgerte jedoch dazugezählt, fällt die Fiskalbilanz eindeutig ins Negative, was den Tatbestand widerspiegelt, dass Ausländer, die eher eine fiskalische Belastung bedeuten, eine grössere Neigung haben, sich in der Schweiz einbürgern zu lassen.

Unsere Resultate liefern der aktuellen Flüchtlingsdiskussion wichtige Erkenntnisse, denn die gegenwärtigen Asylsuchenden weisen bestenfalls den gleichen Bildungsstand wie jenen der europäischen Zuwanderer von ausserhalb des nördlichen EU-17-/EFTA-Raums auf. Dies deutet im Lichte unserer Resultate darauf hin, dass die jungen Asylsuchenden eine überdurchschnittlich hohe Sesshaftigkeit aufweisen, die hiesige Wohnbevölkerung langfristig nicht verjüngen und die Staatskasse belasten werden.

	Bestand 2003–2009				**Zuwanderung 2003–2009**			
	Anteil	Min.	Mittel	Max.	Anteil	Min.	Mittel	Max.
EU-17/ EFTA Nord	0.255	990	1135	1250	0.388	1618	1754	1861
EU-17/ EFTA Süd	0.358	-209	-77	26	0.213	290	424	526
Resteuropa	0.256	-1319	-1099	-929	0.185	-1172	-937	-752
Rest der Welt	0.131	255	570	868	0.214	303	611	907
Total	1.000	-71	56	150	1.000	594	729	834

Tab. 1: Der aktuelle, kurzfristige und langfristige durchschnittliche monatliche Transfersaldo eines ausländischen Haushalts (in CHF).

Kurzum: Die Asylgewährung mag aus humanitären Gesichtspunkten angezeigt sein. Einen fiskalischen Gewinn bietet sie aber nicht.

Die Erstellung von Fiskalbilanzen, besonders wenn sie – wie hier – vorausschauend sein sollen, ist natürlich keine exakte Wissenschaft. Stets müssen Annahmen getroffen werden, um die Kalkulationen zu ermöglichen. Eine Hauptschwäche unseres Ansatzes besteht darin, dass er die Möglichkeit des individuellen Bildungs- und Wirtschaftsaufstiegs ausschliesst. Nachfahren von Immigranten besitzen annahmegemäss den Bildungsstand ihrer Vorfahren. Doch diese Schwäche ist gleichzeitig eine Stärke des Ansatzes, denn dadurch wird ersichtlich, wie wichtig die Integration bildungsferner Schichten ist, um zu verhindern, dass die Nachkommen früherer Immigranten die Werdegänge ihrer Vorfahren wiederholen und die Staatskasse dadurch belasten.

1 Niedrig: obligatorische Schule, keine abgeschlossene Ausbildung, Anlehre, Haushaltslehrjahr, Handelsschule (1–2 Jahre). Mittel: Diplommittelschule, Berufslehre, Vollzeitberufsschule, Berufsmaturität, Maturitätsschule, Lehrerseminar. Hoch: höhere Berufsausbildungen, Universität, ETH, FH und PH.

Gleichgewicht ohne Eingebürgerte				Gleichgewicht mit Eingebürgerten			
Anteil	Min.	Mittel	Max.	Anteil	Min.	Mittel	Max.
0.359	577	724	840	0.282	389	544	666
0.313	–527	–390	–280	0.269	–659	–515	–397
0.207	–1513	–1276	–1090	0.324	–1709	–1448	–1238
0.121	174	494	793	0.125	64	398	706
1.000	–191	–66	26	1.000	–550	–405	–295

Quelle: eigene Darstellung.

Bibliografie

Dustmann, Christian und Tommaso Frattini (2014), «The Fiscal Effects of Immigration to the UK». In: *Economic Journal,* 124(580), S. F593–F643.

Dustmann, Christian und Ian Preston (2007), «Racial and Economic Factors in Attitudes to Immigration». In: *B.E. Journal of Economic Analysis and Policy,* 7(1), S. 1–41.

Liebig, Thomas und Jeffrey Mo (2013), «The Fiscal Impact of Immigration in OECD Countries». In: *International Migration Outlook 2013,* Paris: OECD Publishing, S. 125–189.

Ramel, Nathalie (2015), *Fiskalische Inzidenz der neuen Einwanderung in die Schweiz.* Dissertation, Universität Basel.

Staatssekretariat für Wirtschaft (SECO) (2015), *Auswirkungen der Personenfreizügigkeit auf den Schweizer Arbeitsmarkt, 10. Bericht des Observatoriums zum Freizügigkeitsabkommen Schweiz-EU.* Bern.

Stone, Richard (1970), «Demographic Input-Output: An Extension of Social Accounting». In: Anne P. Carter und András Brody (Hg.), *Contributions to Input-Output Analysis,* Amsterdam: North-Holland Publishing Company, S. 293–319.

Stone, Richard (1972), «The Fundamental Matrix of the Active Sequence». In: András Brody und Anne P. Carter (Hg.), *Input-Output Techniques.* Amsterdam: North-Holland Publishing Company, S. 63–79.

Stone, Richard (1973), «A System of Social Matrices». In: *Review of Income and Wealth,* 19(2), S. 143–166.

Migration und Mobilität – Ausdruck oder Treiber gesellschaftlicher Transformationen?

Gianni D'Amato

In den letzten Jahrzehnten haben die Muster der Migration wie auch die Lebenswelten der Menschen gerade auch im beschaulichen Europa eine beträchtliche Transformation erfahren. Die nach dem Fall der Mauer beschleunigende Globalisierung, die bereits zehn Jahre zuvor mit den einsetzenden Deregulierungen ihren Lauf genommen hatte, hat eine gesellschaftliche Lage entstehen lassen, die nicht mehr von der Geopolitik des Kalten Krieges dominiert wird, sondern vom «freien Markt». Die Flexibilisierung der Produktion, die Deregulierung verschiedener sozioökonomischer Bereiche und die Segmentierung der Arbeit haben ihren Einfluss gehabt auf die Entstehung neuartiger Wirtschaftsstile. Auch gängige wissenschaftliche Begriffe wurden einer Kritik unterzogen: Während Migration, um von der Bewegung der Menschen zu sprechen, noch die zentrale Bedeutung des Nationalstaats hochhält, stellt der Mobilitätsbegriff die Niederlassung als Norm für Migranten wie auch Einheimische infrage. Er setzt indes vermehrt die Bewegung und die Mobilität ins Zentrum gesellschaftlicher Beobachtung, insbesondere und gerade im Zeitalter der Globalisierung.

Die verschiedenen Debatten und Analysen zum Verhältnis zwischen Wirtschaft, Staat und Migration haben selbst zehn Jahre nach der Wirtschaftskrise von 2007/08 noch keine Klärung gebracht. Eine auf Ausgleich zielende soziale Marktwirtschaft, wie sie im New Deal von Roosevelt, in der nordischen Sozialdemokratie oder der englischen sozialen Bürgerschaft umgesetzt wurde, ist stark unter Druck gekommen und sieht sich, je nach Land, mit grossen Verwerfungen konfrontiert. Die als «Flüchtlingskrise» kaschierte europäische Krise der Regierungsführung hat es vor Augen geführt: Angesichts des Auftauchens von Tausenden von Flüchtlingen aus dem Süden und Nahen Osten, angesichts des Wiedererstarkens der Nationalismen und einer grossen Skepsis gegenüber der Bewältigung der Finanz- und Schuldenkrise wird die Unfähigkeit der europäischen Führungsspitzen augenscheinlich, diesen Phänomenen mit adäquaten Antworten zu begegnen. Angesichts der Überlagerung der Krisenerscheinungen muss deshalb auch die Rolle der Migration und der Mobilität wie auch ihr Potenzial zur Transformation neu reflektiert werden.

Ein angemessenes Verständnis der Wechselwirkungen zwischen Migration und Gesellschaft ist deshalb hilfreich, um wirksame Antworten auf die Herausforderungen unserer Zeit zu finden. Diese umfassen insbesondere die Sicherung der sozialen Kohäsion und das Funktionieren von Staat und Gesellschaft. Diese Herausforderungen sind akut, und die gesellschaftlichen Debatten schwanken zurzeit zwischen einer Revitalisierung des politischen Republikanismus (der inklusiv oder exklusiv verstanden werden kann) und einer verstärkten Reaktivierung der Menschenrechte.

Krise und Kontinuität des europäischen Migrationsregimes?

In den letzten 30 Jahren haben europäische Wirtschaften eine enorme Transformation und Flexibilisierung erfahren. Im gleichen Zeitraum entstand der europäische Binnenmarkt, der die Bedeutung von Grenzen relativierte und mit «Schengen» erstmals einen politisch-geografischen Raum bezeichnet, der Binnenmobilität ermöglicht und die Kontrolle der Grenzen an die Peripherie der Europäischen Union (EU) auslagert. Innerhalb der EU und der mit ihr durch bilaterale Verträge assoziierten Staaten wurde ein sogenannt duales Migrationsregime eingeführt. Von diesem System haben sich die Europäer eine bessere Zuordnung der Arbeitskräfte innerhalb der Mitgliedstaaten versprochen. Im gleichen Moment sollten die legalen Einwanderungsmöglichkeiten von Drittstaatsangehörigen eingeschränkt werden. Unter Migrationsregime wird somit ein Zusammenspiel von Institutionen und gesellschaftlichen Diskursen verstanden. Das Migrationsregime regelt sowohl die rechtlich-administrative Einwanderung von Menschen als auch deren politische Einbettung in die Institutionen (Hoerder et al. 2011).

Ein duales, segmentiertes Migrationsregime eröffnete Möglichkeiten für eine Neugestaltung existierender Muster des Einschlusses und Ausschlusses von Migranten. Während unqualifizierten Migranten von ausserhalb des EU-Raums die Einreise verwehrt ist und letztlich nur noch der Asylkanal offen bleibt, können Migranten mit hohen beruflichen Qualifikationen nach wie vor in die europäischen Zentren als sogenannte Drittstaatsangehörige einreisen und sich einrichten. Die Regulierung der Freizügigkeit innerhalb der EU basiert einerseits auf diesem dualen System der Selektion, andererseits auf technischen und rechtlichen Instrumenten der Grenzkontrolle und -überwachung. Indes, die restriktive Einreiseregelung für Drittstaatsangehörige führt ungewollt zu einer Zunahme von irregulären Einwanderern und einem Markt für illegale, billige Arbeitskräfte.

Das Mittelmeer ist ausserdem zu einem Symbol für die Migrationskrise geworden. Die EU schafft es nicht, in Einklang mit humanitären Grundsätzen die Fluchtbewegung aufzufangen, ohne Rekurs zu nehmen auf die Einwanderungsbegrenzung und die Metapher der «Festung Europa». Das gegenwärtige Migrationsregime ist deshalb ambivalent und von widersprüchlichen Logiken gekennzeichnet: Freizügigkeit für die einen wird mit Grenzkontrolle und Sicherheitsüberprüfungen für andere kontrastiert, diese werden aber nicht konsequent durchgesetzt. Ausserdem werden diese Sicherheitsaspekte überlagert von Terroranschlägen islamistischer Aktivisten, von einer gegen die Anwesenheit von muslimischen Migranten gerichteten radikal-populistischen bis rassistischen Mobilisierung wie auch, trotz allem, von der engagierten Aufrechterhaltung und Verteidigung von Menschenrechtsdiskursen von promigrantischen Aktivisten in einer politisch stark aufgeladenen Arena.

Trotz dieses dualen Systems hat die Einwanderung aus Drittstaaten also nicht abgenommen, sondern ist im Gegenteil so präsent wie nie zuvor, sowohl in der Gestalt von Hochqualifizierten wie auch in jener der Illegalen. Ausserdem haben ein verändertes internationales Umfeld und neue global wirkende Regelwerke die Politik der Migration verändert: Mehrebenen-Regulierungen haben die Rolle und Autorität des vormals souveränen Staates relativiert. Ausserdem haben spezialisierte und flexibilisierte Wirtschaftsstile zu einer Restrukturierung des Wohlfahrtsstaats geführt. Dieser schützt die lokalen Arbeitskräfte vor Risiken der flexibilisierten Arbeit, aber transferiert gleichzeitig Verantwortung an die einzelnen Marktteilnehmer, versehen mit der Auflage, sich auf dem Markt zu behaupten. Als Konsequenz ergeben sich neue Dynamiken des Einschlusses und Ausschlusses. Diese stehen in einem engen Zusammenhang mit sogenannt normalen Arbeitsbiografien.

Für die Errichtung von Leistungen setzt der Wohlfahrtsstaat eine Normalbiografie voraus, mit klaren Übergängen von der Geburt zur Schule, danach zur Arbeit bis hin zur Rente. Falls Berufskarrieren von Einwanderern von dieser Normalbiografie abweichen, hat dies einen nachteiligen Effekt auf die Möglichkeit, innerhalb von Arbeitsorganisationen Zugang zu den nötigen Positionen zu finden. Dies muss nicht notwendigerweise Diskriminierung bedeuten, kann es aber dort, wo Übergänge erschwert oder verunmöglicht werden. Jedenfalls sind Zuordnungen in Zusammenhang mit der eigenen Biografie, insbesondere wenn sie staatlich legitimiert sind, mächtige Kategorien der Fremd- und Selbstbeschreibung. Sie haben einen starken Einfluss darauf, wie legitime Ansprüche innerhalb der Gesellschaft gestellt werden können. Solche Zuordnungen und Erwartungen widerspiegeln eine gesellschaftliche Werthaltung und sind, kommunikativ vermittelt, entscheidend für den Aufbau oder die Erosion sozialer Kohäsion.

Gesellschaftliche Transformationen dieser Art sind eng verknüpft mit dem Begriff der Krise. Aus der Perspektive der Regulationsschule (Boyer 1990, Hirsch, Roth 1986) und der Theorie des sozialen Wandels (Imhof, Romano 1996) bezieht sich der Begriff der Krise auf eine Auflösung eines mehr oder weniger stabilen Konsenses darüber, wie in einem bestehenden Regelwerk ein Ausgleich zwischen wirtschaftlichem Wachstum und politischer Legitimität hergestellt werden kann, insbesondere wenn der gesellschaftliche Konflikt darüber schon ausgebrochen ist. Sobald der Konsens, wie gegenwärtige Realitäten und künftige Entwicklungen zu interpretieren sind, erodiert, kommt es zu einem Zerfall etablierter Konventionen (Imhof, Kleger, Romano 1993). Worin die Krise genau besteht, variiert je nach ideologischer Position. Die Kommunikation der Krise ist indes bereits verknüpft mit der Auseinandersetzung um die Behauptung einer neuen Deutungshoheit um Ursache und Lösung der Krise. Für jene beispielsweise, die im Hinblick auf die Flüchtlingskrise humanitär argumentieren, manifestiert sich die Krise als Ausdruck einer Erosion und Schwächung der nach dem Zweiten Weltkrieg etablierten Institutionen des Schutzes der Menschenrechte. Für andere zeigt sich die Krise durch eine unkontrollierte Einwanderung und die Unfähigkeit des Staates oder der Europäischen Union, diese zu gestalten und zu begrenzen. Letztlich weist die Rede von der Krise in diesem Zusammenhang auf eine zunehmende Destabilisierung des bestehenden Migrationsregimes hin. Dies kann nur durch die Entstehung eines neuen, stabileren Regimes aufgefangen werden, das in dieser Frage neue Positionen und übergreifenden Konsens zu vermitteln vermag. Andernfalls würden die Ungewissheit und der Fluss der Geschehnisse die Krise weiter verschärfen.

Soziale Kohäsion – die Lösung der Krise?

Ein durch Migrationsdynamiken provozierter gesellschaftlicher Wandel, der überlagert ist von multiplen, durch die Globalisierung verursachten Transformationen ebenso wie der Restrukturierung des Wohlfahrtsstaats, hat einen direkten Einfluss auf die soziale Kohäsion. Soziale Kohäsion wird definiert als stabile gesellschaftliche Lage, die auf kooperativen sozialen Beziehungen und gemeinsamen Werthaltungen beruht (Vertovec 1999). Politiken der sozialen Kohäsion haben das Ziel, Prozessen der Desintegration und der sozialen Fragmentierung entgegenzutreten und somit eine Polarisierung in der Gesellschaft zu vermeiden. Normativ würde es darum gehen, in verschiedenen Politikbereichen Minimalstandards einzuführen, um die Menschenrechte zu wahren und Diskriminierung zu vermeiden. Gleichbehandlung und Chancengleichheit gehören zum Programm einer Politik der sozialen Kohäsion. Allerdings hat der Rückgriff auf Vorstellungen gemeinschaftlicher Solidarität einen neoromantischen Einschlag, sind doch moderne Gesellschaften arbeitsteilig und durch Rollenzuordnungen charakterisiert, die sich nicht allein durch gemeinsame «Werte» herstellen lassen. Gerade weil moderne Gesellschaften nicht romantische Gemeinschaften sind, sondern sich auf Individuen beziehen, die sich gegenseitig nicht kennen, ist es schwierig, gemeinsame «Werte» bloss anzurufen, um Solidarität herzustellen. Dies trifft umso mehr auf hochmobile Migrationsgesellschaften zu. Aus diesem Grund benötigen moderne, mobile Gesellschaften eine Bürgergesellschaft, einen Raum, in dem sich Menschen ohne äusseren Zwang in Vereinigungen und Netzwerken treffen können, um unabhängig von ihrer Herkunft Vertrauen und Solidarität herzustellen. Es muss eine versierte, über das Nationale hinausweisende Bürgergesellschaft sein. Ein ebenfalls wichtiger Bestandteil ist deshalb die Herstellung von «Sozialkapital», das es ermöglicht, Beziehungen zwischen Individuen unabhängig von deren Herkunft herzustellen.

Ein anderer Blick auf die Einwanderinnen und Einwanderer ist deshalb notwendig. In der Tat sind Migranten nicht passive «Gäste», sondern Träger von Kultur(en), von Glaubenssätzen, sie sind, ohne pathetisch sein zu wollen, beseelt von einem «Geist». Aufgrund dieser Eigenschaften und der mannigfaltigen Interaktionen bleibt Migration ein Vektor der Dynamik für die ganze Gesellschaft. Migration zwingt Gesellschaften dazu, auf die Stimuli des Wandels mit dem vorhandenen sozialen Kapital zu reagieren oder auf Beibehaltung des tradierten Verhaltens zu beharren. Einwanderung wird so zu einem integralen Element einer gesellschaftlichen Differenzierung und eines Rekonstruktionsprozesses der Gesellschaft. Gerade die Pluralisierung westlicher Einwanderungsgesellschaften hat zu einem sozialen Ausdifferenzierungsprozess geführt, zu einer Deregulierung kollektiver Formen sozialer Identität. Nationale Zugehörigkeiten haben stark an faktischer, ökonomischer Relevanz eingebüsst. Umso notwendiger ist die Suche nach einer neuen Basis für soziale Kohäsion, die über kommunale und ethnische Konstruktionen der Wirklichkeit hinausgeht. Andernfalls bleibt der Nationalstaat die letzte Zuflucht für all jene, die nichts anderes aufbieten können als den Rückgriff auf die «nationale Präferenz».

Letztlich geht es darum, Formen der Kommunikation zu finden, in denen Menschen sich untereinander über die Gestaltung der Zukunft unabhängig von ihrer Herkunft austauschen können. Sicherlich werden es nicht konfliktfreie Auseinandersetzungen sein. Etwas anderes wäre in europäischen, offenen Gesellschaften gar nicht möglich, die sich mit dem Faktum ihrer Veränderung auseinandersetzen und alternative Wege aus der Krise suchen. Viele Akteure erträumen sich in der gegenwärtigen Debatte die Wiederherstellung eines nationalen souveränen Nationalstaats, als wäre dies die Lösung für die momentanen Probleme. Die Mehrebenen-Verflechtungen unserer Gegenwart müssen ernst genommen werden wie auch das enorme Wissen, auf dem moderne Gesellschaften und letztlich Europa beruhen. Es müssen die unterschiedlichen Energien revitalisiert werden, die europäische Gesellschaften ausmachen. Man muss, wie Jürgen Habermas in einer ihm gewidmeten Ausgabe der französischen Zeitschrift *Esprit* (2015) gesagt hat, ausserhalb der Dramatik der Gegenwart die «Hoffnung denken». Dabei muss es um mehr gehen als allein um den Appell auf die Gewährung von Rechten, seien es Menschenrechte oder andere Grundrechte. Vielmehr muss diese Auseinandersetzung in die öffentliche Sphäre getragen werden, und es muss darauf beharrt werden, dass die Demokratie einer jener Orte ist, wo um Inhalte eines neuen humanistischen Selbstverständnisses von Migrationsgesellschaften gestritten werden muss, jenseits von alteuropäischen Nationalstaaten. Hier stehen letztlich alle in der Verantwortung, die an eine Zivilität unserer Gesellschaft glauben und sich für diese einsetzen.

Bibliografie

Boyer, Robert (1990), *The Regulation School: A Critical Introduction.* New York: Columbia University Press.

Habermas, Jürgen (2015), «Critique et communication: les tâches de la philosophie (entretien)». In: *Esprit,* Août/Septembre, S. 40–54.

Hirsch, Joachim, und Roland Roth (1986), *Das neue Gesicht des Kapitalismus vom Fordismus zum Post-Fordismus.* Hamburg: VSA-Verlag.

Hoerder, Dirk, Jan Lucassen und Leo Lucassen (2013), «Terminologien und Konzepte in der Migrationsforschung». In: Klaus J. Bade, Pieter C. Emmer, Leo Lucassen und Jochen Oltmer (Hg.), *Enzyklopädie Migration in Europa*, Paderborn: Fink Verlag.

Imhof, Kurt, und Gaetano Romano (1996), *Die Diskontinuität der Moderne - Zur Theorie des sozialen Wandels.* Frankfurt am Main: Campus Verlag.

Romano, Gaetano, Heinz Kleger und Kurt Imhof (1993), *Krise und sozialer Wandel.* Zürich: Seismo Verlag.

Vertovec, Steven (Hg.) (1999), *Migration and social cohesion.* Cheltenham: E. Elgar.

Migrationspolitische Herausforderungen im Einwanderungsland Schweiz

Sandro Cattacin

Wenn sich massgebende Faktoren ständig und relativ unübersichtlich ändern, die allesamt eine direkte Wirkung auf die Politik haben, kann diese kaum vorhergesehen werden. Und wenn ein Paradigmenwechsel anstehen sollte, so sind die Weichen dafür noch nicht einmal gegossen worden. Trotzdem möchte ich in diesem Text versuchen, die Zeichen eines möglichen Paradigmenwechsels zu identifizieren. Ich werde mich dabei auf wissenschaftliche Arbeiten stützen, die neue Perspektiven in der Analyse der Migrationspolitik einnehmen.

Die Analyse der wissenschaftlichen Literatur zeigt dabei in vier Richtungen, die ich kurz darstellen möchte. Die Trends sind folgende:

1. der Übergang von einer Migrations- zu einer Mobilitätsperspektive;
2. der Übergang von einer Perspektive auf die nationalstaatliche Zugehörigkeit zu einer der multiplen und urbanen Staatsbürgerschaft;
3. der Übergang von einer Überfremdungs- zu einer Innovationsperspektive; und schliesslich
4. der Übergang von der Asylpolitik zu einer Politik der Entwicklungszusammenarbeit.

1. Von der Migrations- zur Mobilitätsperspektive

Das theoretische Potenzial der Bearbeitung der Migrationsproblematik ist beschränkt. Denn Migration ist keine theoretische Kategorie, sondern eine empirische, die in einem ganz konkreten Kontext der Nationenbildung entstanden ist und sich dem Schema des innen und aussen, der Bewegung und der Stasis bedient. Aussensein und Migration wird zudem der Normalität von Innensein und Immobilität entgegengesetzt. Der Blick wird künstlich auf die internationale Migration gelenkt und die intranationale gleichzeitig normalisiert, als ob es grundsätzlich einen Unterschied gäbe zwischen einem italienischen Bauern aus den Abruzzen, der in Mailand, oder einem Bauern aus derselben Region, der in Lugano einen Job findet.

Eine solche Sichtweise ignoriert, dass historisch betrachtet nicht Immobilität, sondern Mobilität seit alters die Menschheit charakterisiert. Menschen ziehen dorthin, wo sie erwarten können, dass die sozialen, politischen oder wirtschaftlichen Lebensbedingungen besser sind. Betrachtet man Immobilität als eine gesellschaftliche Errungenschaft, verkennt man wiederum, dass Innovation meist erst über das Aufeinandertreffen von Verschiedenheit und über Densität, Zentralität sowie Urbanität möglich ist – alles Charakteristiken mobiler Gesellschaften. Eine umfangreiche Literatur zu Städten zeigt zudem, dass schrumpfende Bevölkerungszahlen und negative Migrationssaldi die ersten Anzeichen wirtschaftlichen Niedergangs sind.

Deswegen wäre es auch ein riskantes Unterfangen, demografische Herausforderungen über Migration lösen zu wollen. Migration ist nur bedeutend, solange Orte auch attraktiv sind. Die Attraktivität misst sich dabei in den von mobilen Menschen projizierten Chancen auf eine Verbesserung der eigenen Lebensbedingungen. Wird das Versprechen nicht eingelöst, bleiben sozusagen nur die «Alten» zurück. Bergdörfer sprechen Bände dazu.

Mobilität und nicht Migration zeichnet denn auch die individuellen Lebensgeschichten aus. Nicht selten treten internationale und nationale Migration im Lebenslauf von Menschen gleichzeitig auf, sind Arbeits- und Wohnort getrennt, soziale und berufliche Kontakte über Territorien hinweg verteilt. Multilokale Erfahrungen und Beziehungen lösen das Muster der Bewegung und Sedentarisierung ab (King 2002: 94) und verlangen von Gesellschaften, sich als Territorien der Zirkulation neu zu bestimmen (Simon 2006: 16).

Der Wechsel des Blicks von Migration zu Mobilität erlaubt nicht nur, an analytischer Schärfe zu gewinnen, sondern auch die Regulierungsperspektiven der Politik zu erneuern. Denn wenn Mobilität zur Normalität wird, stellen sich der Politik ganz andere Herausforderungen als in sedentären Gesellschaften. Die Mobilitätsforschung beschreibt diese Herausforderungen in ihren vielen Facetten, von der Mikroperspektive, zum Beispiel der Familien- und Erziehungsdynamiken (Viry 2012), der Mesoperspektive der Organisation, die sich als vernetztes multiterritoriales (und multinationales) Unternehmen konzipiert (Castells 2010 [1996]: 163), zur Makroperspektive gesellschaftlicher Pluralisierung und dem Niedergang nationalstaatlicher Regulierung identitärer Zugehörigkeiten (Joppke 2007).

2. Von der nationalstaatlichen Zugehörigkeit zur multiplen und urbanen Staatsbürgerschaft

Die nationalstaatliche Aushöhlung der Eindeutigkeit des Status als Bürgerin oder Bürger – wie durch die Erhöhung des Zugangs zu Teilrechten vor allem vulnerabler Gruppen auch ohne Bürgerrechte in Städten – hat zu einer Erneuerung der Debatte um staatsbürgerschaftliche Rechte geführt. Verschiedene Konzepte werden dabei vorgeschlagen, die alle auf die Aufhebung *skalaren Denkens* (Isin 2007: 224) der staatlichen Ebenen der Regulierung der Staatsbürgerschaft und die Verflüchtigung dieser staatsbürgerlichen Rechte hindeuten:

- Mit dem von Iris Marion Young entwickelten Konzept der *differenzierten Staatsbürgerschaft* wird vor allem darauf hingewiesen, dass die Unterscheidung der Rechtssituationen notwendig ist, um nicht diskriminierende Lösungen in einer komplexen Gesellschaft mit komplexen Problemlagen zu finden. Gegen den uniformierenden Republikanismus, der differenzblind ist, wird mit der Idee der differenzierten Staatsbürgerschaft versucht, unterschiedliche Ausgangslagen rechtlich zu berücksichtigen (Young 2007).
- Das von Engin F. Isin entwickelte Konzept der *urbanen Staatsbürgerschaft* greift das Thema der politischen Zentralität der Städte im globalen Zeitalter auf und ergänzt die Orientierung an Differenzierung mit der Konkretisierung im städtischen Kontext. Nicht nur ist die Stadt *per definitionem* der Ort konzentrierter Differenz (Isin 2000); sie wird auch zur sozialpolitischen Arena der postnationalen Konstellation, die pragmatisch Antworten auf Ausgrenzung und Vulnerabilität entwickeln muss, die sich ausserhalb der nationalstaatlichen Logik befinden.

Diese konzeptuelle Diskussion weist darauf hin, dass in Zukunft mehr Rechtsformen ausgebildet werden, die sowohl das Potenzial auf Verbesserung wie auf Verschlechterung der Lebenssituation mobiler Menschen haben. Tendenziell weisen die städtischen Antworten auf die sozialen und gesundheitlichen Herausforderungen im Sinne der urbanen Staatsbürgerschaft jedoch darauf hin, dass die Chancen auf ein würdevolles Leben vulnerabler Gruppen durch die Erweiterung von Rechten eher zunehmen werden. Auch scheinen die supra- und internationalen Rechtsdiskurse darauf hinzuweisen, dass sich schützende, an den Menschenrechten orientierte Normen weiter verbreiten werden (Shafir, Brysk 2006).

3. Von der Überfremdungs- zur Innovationsperspektive

Globalisierung und Mobilität relativieren nationale Zugehörigkeiten und fördern die Orientierung mobiler Menschen an den Städten. Denn Städte sind Knotenpunkte der Mobilität und Zentren des globalen Austauschs und erlauben zudem zeitlich definierte Lebenserfahrungen, die letztlich nicht nur den Menschen, sondern auch den Städten selbst zugutekommen, und zwar:

- den Städten, indem diese von der ständig wechselnden Bevölkerung bereichert werden. Mobilität bedient nicht nur das urbane Ambiente, sondern auch die wirtschaftlichen Interessen der Stadt, indem diese – durch die Verschiedenheit inspiriert – die Innovationsorientierung stärkt (Florida 2008), und
- den Menschen, indem diese durch das Aufeinandertreffen von Verschiedenheit ihren lebensweltlichen Horizont erweitern und pragmatische Offenheit und Toleranz entwickeln (Pettigrew et al. 2011).

Verschiedenheit wird in den Städten mehr und mehr zelebriert und gefördert. Im Stadtmarketing dient die Orientierung an Differenz gar als attraktivitätserhöhend. Im Gegensatz zu nationalen politischen Auseinandersetzungen, in denen meist Scheingefechte und Pseudodebatten zu nationaler Kultur und Identität geführt werden, sind Städte daran, sich auf die Metalogik der Differenz als Identität einzulassen. Mehrsprachigkeit ist hier Normalität, und die Verschiedenheit der Lebensstile gilt als urban und innovationsfreundlich. Städtische Identität konstituiert sich in der sich respektierenden Verschiedenheit. Die urbane Herausforderung besteht letztlich darin, Stadtentwicklung so auszurichten, dass diese Verschiedenheit auch gelebt werden kann und sich nicht isoliert, sondern punktuell konstruktiv konfrontiert (Sandercock 2011).

4. Von der Asylpolitik zur Entwicklungszusammenarbeit

Der Bereich der Asylpolitik wird in der wissenschaftlichen Literatur systematisch mit Entwicklungszusammenarbeit und Konfliktmediation in Zusammenhang gebracht. Kaum ein anderer Bereich der Migrationspolitik ist ähnlich kurzfristig ausgerichtet und mit ständigem Scheitern konfrontiert (Castles 2004: 221). Politische Entscheide in diesem Bereich scheinen auch eher innenpolitisch als asylpolitisch motiviert zu sein und zeigen kaum Wirkung. Unilaterale, europaweit nicht koordinierte Massnahmen lösen zwar Spiralen der Erschwerung des Zugangs zum Asyl aus, haben aber keinen Einfluss auf die Asyldestination, denn die Entscheide der Asylsuchenden, in einem bestimmten (europäischen) Land Asyl zu beantragen, sind kaum von politischen Entscheiden der Regulierung abhängig, sondern, wie auch Eric Neumayer (2004: 175) ausführt, von bestehenden kolonialen Beziehungen, der Sprache sowie der geografischen Nähe, was zudem die Hypothese der *Netzwerkmigration* stützt.

Ähnlich verhält es sich mit der irregulären Migration, die meist nicht – oder wenn, dann nur zeitlich limitiert – über das Asylwesen Eintritt in Länder findet. So sind auch in diesem Bereich widersprüchliche Regulierungen und innenpolitische Orientierungen in der Massnahmenentwicklung oft die Regel. Castles' Hypothese, dass schliesslich ökonomische Imperative Migrationspolitiken überschatten, ist keineswegs neu (Castles 2004: 223). James Hollifield (1992) hat diese bereits in seiner Rekonstruktion der Migrationspolitik der Nachkriegszeit nachgewiesen und als *liberales Paradox* bezeichnet. Wird dieses Paradox ernst genommen, bedeutet dies nichts anderes, als dass Regulierungsversuche in binnennationalen Denkschemata wenig Erfolgschancen besitzen (Zugangserschwerung, Rückkehrhilfen, Kontrollen usw.), reguläre wie irreguläre transnationale Mobilität zu beeinflussen, die ja zudem oft nicht nur ausgenutzt und deshalb toleriert wird, sondern auch fähig ist, die restriktiven Regulierungen immer wieder zu umgehen.

Seit den 1990er-Jahren gibt es daher Bestrebungen, besonders im Bereich der irregulären Mobilität das nationale Denken zu überwinden. So entwickelt die EU seither migrationspolitische Leitplanken zur Regulierung der aussereuropäischen Migration, welche die nationalen Kompetenzen ablösen. Weiter wird der Bezug zwischen Migration und Entwicklungszusammenarbeit – der *migration-development nexus* – vermehrt nicht nur postuliert, sondern auch von konkreten Massnahmen begleitet, geleitet von der Idee, dass gezielte Hilfen an Entwicklungsländer die Bereitschaft zu migrieren reduzieren. Die EU befürwortet und unterstützt in diesem Zusammenhang seit 2007 eine neue Politik, die nicht mehr auf Schutz allein abzielt, sondern Entwicklungszusammenarbeit, Migrationspolitik und Wissensaustausch verbinden und Rückübernahmeabkommen ersetzen soll. Diese *Mobilitätspartnerschaften,* ähnlich den schweizerischen Migrationspartnerschaften, sind bilaterale Instrumente und zielen auf die Kontrolle der irregulären Mobilität im Austausch mit Möglichkeiten zirkulärer Mobilität und wirtschaftlicher Hilfen zwischen zwei Ländern. Sie fördern gezielt bestimmte Regionen und die reguläre Mobilität von Personen, sind aber nicht personenbezogen, sondern überlassen Institutionen und Organisationen die konkrete, koordinierte Regulierung.

In diesen neuen Instrumenten werden die nationalstaatlichen zu binationalen Logiken, was auf der einen Seite die Chancen erhöht, Lösungen zu finden, die allen Partnern zugutekommen, und auf der anderen Seite rein utilitaristischen nationalen Orientierungen einen Riegel vorschiebt. Dabei bleibt offen, inwieweit schwächelnde, korrupte oder nationalistisch aufgehetzte Staaten in einer Welt lokaler Beziehungen die richtigen Promotoren für Veränderung sind. Vielversprechend werden inzwischen Erfahrungen evaluiert, die auf konkreten Partnerschaften lokaler Organisationen aufbauen. Beispiele der Zusammenarbeit von Vereinen mobiler Menschen aus Entwicklungsregionen, Wirtschafts- und Non-Profit-Organisationen, Städten und Regionen dokumentieren inzwischen, dass konkretes Wissen über ein Territorium verbunden mit realen Interessen und gelebter Entwicklungszusammenarbeit Lösungen zustande bringt, die nachhaltiger wirken.

Konsequenzen für die Schweiz

Die Migrationspolitik des *Einwanderungslands Schweiz* hat sich seit Jahren kontinuierlich weiterentwickelt. Dabei waren innenpolitische Herausforderungen lange die treibende Kraft. Seit der bilateralen Annäherung an die EU hat die Schweiz einen Teil ihrer Autonomie auch in diesem Politikfeld abgeben müssen, was vor allem dazu führt, dass sich innen- und aussenpolitische, oft auch ambivalente Dynamiken dauerhaft aufeinander abstimmen werden müssen. Diese Arbeit wird von der Landesregierung und ihrer Administration getätigt und nicht nur von den Schweizer Parteien hautnah beobachtet, sondern gleichermassen auch von der EU. Gewerkschaften, Wirtschaftsvertreter, Forschungsstätten sowie Städte und Kantone sind in diesem Konzert oft unterschiedlicher Meinung und somit Teil der migrationspolitischen Kakofonie.

Bei vielen Entscheidungsträgern haben sich infolgedessen mittlerweile Orientierungen etabliert, die ziemlich quer zu den namhaften Forschungsergebnissen im Bereich der Mobilität und Migration stehen und zusätzlich zur generellen Inkohärenz beitragen. Beispiele solcher Orientierungen gibt es viele, erwähnt werden sollen hier die fortbestehenden Ideen, dass Migration aus Afrika prinzipiell ein Problem sei oder dass städtischer Pluralismus eine Gefahr und durch Integrationsverträge und Einbürgerungsprüfungen zu glätten sei.

Die schweizerische Migrationspolitik hat nicht nur mit ständig ambivalenten und gegensätzlichen Forderungen zu leben, sondern ist politischen Einflüssen ausgesetzt, die auch eine längerfristige kohärente Orientierung kaum zulassen. So hat die Schwächung nationalstaatlicher Regulierungen zu einer Verstärkung symbolischer Auseinandersetzungen auf Bundesebene geführt, die vor allem im Bereich der Migration (und Justiz) seltsame Blüten treiben und zu Abstimmungen führen, die Ökologie und Migration kausal vernetzen oder Minarette verbieten, was notabene die verfassungsmässig garantierte Religionsfreiheit infrage stellt. Die Instrumente der direkten Demokratie, die zur pragmatischen und kontinuierlichen Politikverbesserung beitragen sollten, werden in der postnationalen Konstellation zu einem Kohärenzkiller; auch die inzwischen zur schweizerischen Tradition gewordene parteipolitische Profilierung auf dem Thema Migration lässt kaum Raum für die Entwicklung einer längerfristigen Perspektive.

Die hier vorgestellten Trends können mögliche Orientierungen für die Politikentwicklung sein. Sie widerspiegeln, wie sich Analysen mit bestehenden Politikentscheidungen verbinden könnten. Sie erlauben auch Aussagen darüber, inwieweit die eine Entscheidung bessere Chancen hat, sich zu bewähren, als eine andere. Die Beantwortung der Frage, ob eine migrationspolitische (auch Mikro-)Entscheidung sich gegen diese Trends setzt oder damit kompatibel ist, würde zumindest erlauben, sich bewusster mit absehbaren Folgen, aufkommenden Widerständen oder potenzieller Kohärenz auseinanderzusetzen.

Bibliografie

Castells, Manuel (2010 [1996]), *The rise of the network society.* Oxford: Blackwell Publishers.

Castles, Stephen (2004), «Why migration policies fail». In: *Ethnic and Racial Studies,* 27(2), S. 205–227.

Castles, Stephen (2008), *Migration and Social Transformation.* Working Papers No. 2008/01, London: LSE Migration Studies Unit.

Florida, Richard (2008), *Who's your city? How the creative economy is making where to live the most important decision of your life.* New York: Basic Books.

Hollifield, James Frank (1992), *Immigrants, markets, and states: the political economy of postwar Europe.* Cambridge, Mass. [etc.]: Harvard University Press.

Isin, Engin F. (2007), «City.state: critique of scalar thought». In: *Citizenship Studies* 11(2), S. 211–228.

Isin, Engin F. (2000), *Democracy, Citizenship and the Global City.* New York: Routledge.

Joppke, Christian (2007), «Transformation of Citizenship: Status, Rights, Identity». In: *Citizenship Studies,* 11(1), S. 37–48.

King, Russel (2002), «Towards a New Map of European Migration». In: *International Journal of Population Geography,* 8, S. 89–106.

Neumayer, Eric (2004), «Asylum Destination Choice: What Makes Some West European Countries More Attractive Than Others?». In: *European Union Politics* 5(2), S. 155–180.

Pettigrew, Thomas F., Linda R. Tropp, Ulrich Wagner und Oliver Christ (2011), «Recent advances in intergroup contact theory». In: *International Journal of Intercultural Relations,* 35(3), S. 271–280.

Sandercock, Leonie (2011), «Towards a cosmopolitan urbanism». In: Harper, Thomas L. et al. (Hg.), *Dialogues in Urban and Regional Planning,* Milton Park: Routlegde, S. 38–57.

Shafir, Gershon und Alison Brysk (2006), «The globalization of rights: from citizenship to human rights». In: *Citizenship Studies,* 10(3), S. 275–287.

Simon, Gildas (2006), «Migrations, la spatialisation du regard». In: *Revue européenne des migrations internationales,* 22(2), S. 9–21.

Viry, Gil (2012), «Residential mobility and the spatial dispersion of personal networks: Effects on social support». In: *Social Networks,* 34(1), S. 59–72.

Young, Iris Marion (2007), «Structural injustice and the politics of difference». In: Appiah, Kwame Anthony et al. (Hg.), *Justice, Governance, Cosmopolitanism, and the Politics of Difference,* Berlin: Forschungsabteilung der Humboldt-Universität zu Berlin, S. 79–116.

Europäisierung nationaler Migrationspolitik – 20 Jahre später am Ende?

Verónica Tomei

EU-Migrationspolitik: von einem Randgebiet zum existenziellen Kernbereich der Europapolitik

Als ich vor 20 Jahren beim Europäischen Forum für Migrationsstudien (efms) forschte und dort insbesondere die Europäisierung nationaler Migrationspolitik[1] untersuchte, da war dies noch ein neuer Forschungsbereich, denn auch der Politikbereich selbst steckte auf europäischer Ebene noch in den Kinderschuhen.[2]

Die Europäisierung nationaler Migrationspolitik lag von der Europaforschung her betrachtet primär in einer integrationspolitischen Logik. Sie war ein sogenannter Spill-over-Effekt der integrationspolitischen Leitidee eines Europas der Bürger sowie des Aufbaus des europäischen Binnenmarkts mit dem Wegfall der Binnengrenzkontrollen für Waren, Kapital, Dienstleistungen und eben auch für Personen. Von der nationalen Migrationspolitik aus betrachtet diente die zunehmende grenzüberschreitende Zusammenarbeit dazu, die jeweiligen Handlungsmöglichkeiten zu erweitern. In jedem Fall war dies ein Gebiet, mit dem sich nicht viele Menschen beschäftigten.

Nun jedoch, 20 Jahre später, nimmt in der medialen Aufmerksamkeit die vermeintlich mangelnde Fähigkeit der EU, eine Lösung zu erarbeiten angesichts der als krisenhaft empfundenen Fluchtbewegungen nach Europa, einen ähnlichen Stellenwert ein wie zuvor die EU-Wirtschafts- und -Finanzkrise und scheint einen weiteren Beleg für die vermehrt als existenziell empfundene «EU-Polykrise» zu bieten.

EU-Migrationspolitik in den 1990er-Jahren und 20 Jahre später: ein Déjà-vu?

Auf den ersten Blick drängt sich das Gefühl eines Déjà-vu-Erlebnisses auf: Wieder steigen in Folge eines nahen Bürgerkriegs die Flüchtlingszahlen in Europa dramatisch an, wieder befindet sich Deutschland an entscheidender Stelle, wieder nehmen extremistische und fremdenfeindliche Taten zu, wieder finden migrations- und asylpolitische Reaktionen unter sicherheitspolitischen Vorzeichen statt. Aber hält dieses Déjà-vu-Erlebnis einer längeren Betrachtung stand?

Im Gegensatz zur Situation vor 20 Jahren ist die EU-Dimension heute für alle offensichtlich – allerdings mit unterschiedlichen Vorzeichen. Während die einen den steten Verlust an Menschenleben im Mittelmeer als einen unerträglichen Verrat an europäischen Wertvorstellungen empfinden, mahnen andere eine grössere innereuropäische Solidarität an, und wieder andere werfen einigen Mitgliedsländern laxes Verwaltungshandeln vor.

Festzuhalten ist an dieser Stelle, dass die Europäisierung der Migrationspolitik in den 20 Jahren so weit vorangeschritten ist, dass die EU-Dimension eine relevante Grösse im migrationspolitischen Diskurs darstellt. Von meiner Perspektive aus liegt einer der Hauptunterschiede zwischen damals und heute darin, dass die EU in vielen Ländern heute nicht mehr als Lösung, sondern zunehmend als Ursache des Problems dargestellt wird. Entspricht diese Wahrnehmung der Realität, oder klaffen medienwirksame und meinungsbildende Kritik einerseits und politischer und administrativer Alltag andererseits auseinander?

EU-Migrationspolitik spiegelt die allgemeine europapolitische Entwicklung

In den vergangenen 20 Jahren ist die EU-Migrationspolitik rechtlich robuster geworden und hat einen umfangreichen administrativen und juristischen Korpus entwickelt. Mit Inkrafttreten des Amsterdamer Vertrages 1999 sind migrationspolitische Bereiche in den EU-Vertrag aufgenommen worden. Bei den vertraglichen Fortentwicklungen von Nizza und Lissabon haben die Mitgliedstaaten jeweils den Europäisierungstrend auch des asyl- und migrationspolitischen Bereichs klar bestätigt und fortentwickelt, nicht etwa aufgehalten und umgekehrt.

Die EU-Ebene hat als handelnder Akteur in diesem Politikfeld an Bedeutung gewonnen und sich funktionell und politisch weiter ausdifferenziert. Etliche Neustrukturierungen in der Binnenorganisation der Kommission haben zu verstärkter bürokratischer Spezialisierung und Professionalisierung geführt. Die Rolle des Europäischen Parlaments ist auch in diesem Politikbereich grösser geworden.

Durch die Erweiterungen 2004, 2007 und 2013 betrifft die EU-Asyl- und -Migrationspolitik heute fast doppelt so viele Mitgliedsländer. Der geografische Radius hat sich also stark vergrössert. Gleichzeitig hat auch die Heterogenität der Sichtweisen auf migrationspolitische Fragestellungen sehr stark zugenommen. In einem so mit der nationalen Identität verwobenen Politikbereich, der Fragen des Umgangs mit «dem Anderen» regelt, schlagen unterschiedliche gesellschaftliche und historische Realitäten und hier auch insbesondere unterschiedliche Erfahrungen jenseits und diesseits des ehemaligen Eisernen Vorhangs besonders stark zu Buche.

EU-Migrationspolitik im Krisenmodus

Im Sommer 2015 liess sich beobachten, wie die europäische Flüchtlingskrise nahtlos die europäische Finanzkrise und hier insbesondere die Griechenland-Krise als Dauer-Top-Priorität der EU ablöste. Dabei trafen mehrere Dimensionen politischer Krise zusammen: die Unfähigkeit der EU, befriedend auf den Syrien-Krieg einzuwirken und eine einheitliche Antwort für die über Balkan und Mittelmeer fliehenden Menschen zu finden; die faktische Aufkündigung des Dubliner Abkommens, wonach Flüchtlinge im ersten Staat, den sie in der EU betreten, registriert und einem ordentlichen Asylverfahren zugeführt werden sollen; die faktische Aufhebung des Schengener Abkommens mit der Wiedereinführung von Grenzkontrollen an den Binnengrenzen; die mangelnde innereuropäische Solidarität und die zunehmenden innereuropäischen Anfeindungen. Dies alles war garniert mit einer allgegenwärtigen Angst vor terroristischen Anschlägen seitens des Islamischen Staates und der Gleichzeitigkeit von zivilgesellschaftlichem Engagement und populistisch geschürten Ängsten vor Überfremdung, vor dem Islam, vor sozialem Abstieg, vor zunehmender Kriminalität. Das europäische Einigungswerk, das nach innen einen Raum der Freiheit und der Sicherheit versprach, scheint durch die in

Europa nach dem Zweiten Weltkrieg grössten Fluchtbewegungen in seinen Grundfesten berührt.

Einige Mitgliedsländer entzogen da den europäischen Handlungsmechanismen jegliches Vertrauen und verliessen sich insbesondere in Fragen der Grenzsicherung allein auf die nationale Handlungskompetenz, allenfalls im Verbund mit gleichgesinnten nationalen Regierungen. Die Mehrheit der Mitgliedstaaten aber und die europäischen Institutionen setzten auf die Hebelwirkung der Lösungsansätze auf europäischer Ebene und nutzten die Bandbreite des europapolitischen Instrumentariums: aussen- und entwicklungspolitische Massnahmen zur Fluchtursachenbekämpfung, Harmonisierung von Aufnahmebedingungen und -verfahren, Eröffnung legaler Zugangsmöglichkeiten, Vereinbarung von Wiederansiedlungsprogrammen, Einigung auf EU-interne Verteilungsquoten (zunächst auf freiwilliger Basis), schliesslich auch das umstrittene Flüchtlingsabkommen mit der Türkei, das finanzielle Unterstützungsleistungen, Visaerleichterungen und organisierte Flüchtlingsaufnahme durch die EU bietet im Gegenzug für türkische Grenzkontrollen und Rückübernahme irregulär eingereister Flüchtlinge.

In der Gesamtschau ergibt sich im EU-Flüchtlingskrisenjahr 2015/16 vorerst die Gleichzeitigkeit von medial transportierter Fundamentalkritik einerseits und von auf Hochtouren laufendem routiniertem Politik- und Verwaltungshandeln andererseits, das im Krisenmodus Lösungsansätze erarbeitet oder reaktiviert, ambitionierte Aktionspläne abarbeitet und sogar auch vorher undenkbare, aber schon zur Verfügung stehende Massnahmen ergreift. So sind Mehrheitsentscheidungen – seit dem Lissabon-Vertrag der europarechtliche Normalfall – auch im Politikbereich Asyl und Migration vertraglich möglich. De facto ist es aber erst 2015 in diesem Bereich zur Premiere gekommen, als die Frage der nicht fakultativen Verteilung von Asylbewerbern auf einzelne EU-Staaten zumindest für die aktuelle Notlage in Italien und Griechenland per Mehrheitsbeschluss entschieden worden ist. Dass die vertragliche Möglichkeit einer Mehrheitsentscheidung in einem Kernbereich nationalstaatlicher Souveränität politisch weiterhin höchst umstritten ist, zeigt die Klage von Ungarn und der Slowakei vor dem Europäischen Gerichtshof. Die Souveränitätsrelevanz der Aufnahme von knapp 1000 Flüchtlingen manifestierte sich nochmals deutlich in der Volksbefragung hierzu, die die ungarische Regierung im Herbst 2016 durchführen liess.

EU-Krise: Versuch einer migrationspolitischen Annäherung

Wie lässt sich das EU-Krisengefühl erklären, ist dies das letzte Rückzugsgefecht des Nationalstaats oder handelt es sich vielmehr um die beginnende Umkehr des Europäisierungsprozesses? Steht die Migrationspolitik damit exemplarisch für den allgemeinen europapolitischen Trend, bei dem gegenwärtig nicht abzusehen ist, ob der beschlossene Brexit lediglich den Beginn eines allgemeinen Auflösungsprozesses darstellt?

Die Euphorie der grossen Erweiterung von 2004 wurde schon kurz danach von einer nicht enden wollenden Abfolge von Krisen abgelöst: Finanz-, Wirtschafts-, Eurokrise, Flüchtlingskrise, Identitätskrise … Allen diesen Krisen gemein und daher alle diese Krisen als «Polykrise» zusammenfassendes Element ist die Erosion des Glaubens an die EU als die geeignete Problemlösungsebene. Woher kommt das? Ist eine andere Handlungsebene geeigneter? Sieht sich die EU Erwartungen ausgesetzt, die sie gar nicht erfüllen kann? Ist die EU der Sündenbock, dessen Kritik zum nationalstaatlichen Druckabbau beiträgt? Gibt es die EU-Krise überhaupt? Läuft nicht in vielen Bereichen die EU-Politik routiniert weiter, wie zum Beispiel auf den Gebieten der Umwelt-, der Forschungs-, der Regional-, der Binnenmarkt-, der Wettbewerbspolitik? Woher kommt das Krisengefühl?

Die Analyse der EU-Krise im Migrationsbereich bietet meiner Meinung nach Erkenntnisse in Wirkzusammenhänge, die als Erklärungsversuch auch für andere Facetten der vielschichtigen EU-Krise dienen können. Die Herausforderungen durch Migration gehören zu den vielen Herausforderungen, die sich nicht von einem Staat allein bewältigen lassen. Die bislang vereinbarten gemeinsamen Möglichkeiten der Zusammenarbeit erweisen sich aber als nicht ausreichend. Die Alternativen scheinen daher, es entweder doch wieder allein zu versuchen oder die gemeinsame Zusammenarbeit weiter auszubauen. Dieses Spannungsverhältnis ist im Migrationsbereich noch deutlicher ausgeprägt als in anderen Politikbereichen. Im Laufe der letzten 20 Jahre lief die EU-Migrationspolitik meistens unterhalb des allgemeinen politischen Radars und entwickelte sich im europapolitischen Verwaltungsalltag mehr oder minder weiter. Bei zunehmendem Druck von aussen durch äussere Ereignisse und von innen durch populistische Forderungen nach schnellen Lösungen befindet sich das Spannungsverhältnis zwischen Kooperationszwängen und Souveränitätsansprüchen aber sofort in der medialen Aufmerksamkeit und kann krisenverschärfend wirken.

Entgegen der medial verbreiteten Auffassung ist die Reaktionsgeschwindigkeit und -dichte auf EU-Ebene beeindruckend, wenn man sich die Komplexität des politischen Systems und die Vielzahl der handelnden Akteure vor Augen führt. Gleichzeitig übt auch in diesem Politikbereich die durch die Digitalisierung des öffentlichen Lebens gestiegene Erwartung von schnellen politischen Lösungen zusätzlichen Handlungsdruck aus, der sich wegen der politischen Sensibilität des Themas potenziert und leicht populistisch instrumentalisieren lässt.

Es ist für national verantwortliche politische Akteure verführerisch, die EU als Sündenbock für mangelnde Problemlösungsfähigkeit heranzuziehen. Die europäische Ebene erscheint den Bürgern noch immer als Blackbox. Entscheidungswege und -verantwortlichkeiten im europäischen Entscheidungsprozess sind dem Durchschnittsbürger nicht bekannt – im Zweifelsfall muss das anonyme «Brüssel» für Unzulänglichkeiten herhalten.

Vielleicht ist es daher nicht verwunderlich, dass neben der beeindruckenden Liste der in den vergangenen zwei Jahren von der Kommission vorgelegten Agenden, Roadmaps, Verordnungs- und Richtlinienentwürfe auf der Website der Kommission seit Sommer 2015 auch eine nicht minder beeindruckende Anzahl von Durchführungs- und Statusberichten veröffentlicht wird, die einen deutlichen Eindruck davon vermitteln, dass zwischen Entscheidung auf EU-Ebene und Umsetzung auf nationaler Ebene sehr grosse Differenzen bestehen.

Versachlichende Forschung gegen marktschreierische Angstmacherei

Wie dargelegt, ist die EU-Migrationspolitik von einem Randgebiet zu einem existenziellen Kernbereich der Europapolitik geworden. Wenn hier das Krisengefühl überwiegt und der Glaube an EU-Lösungskompetenz erodiert, besteht zudem eine besondere Gefahr: Fragen der gemeinsamen Haltung in der gegenwärtigen Flüchtlingskrise berühren grundlegende Werte wie Menschenrechte, innereuropäische Solidarität, Verhältnis von Sicherheit und Freiheit. Dissens hierüber führt rasch zu grundsätzlichen und emotionalen Reaktionen und birgt die Gefahr in sich, den innereuropäischen Konsens und das friedliche Zusammenleben der Völker in der EU zu bedrohen. Unversöhnliche Ansichten über gemeinsame Politiken treiben EU-Bevölkerungen stärker auseinander. Dass diese Gefahr real besteht, hat man im Herbst 2015 beobachten können.

Wir brauchen daher vergleichende Forschung zu Migrations- und Integrationspolitik und -geschichte der EU-Mitgliedsländer, um gegenseitiges Verständnis zu fördern. Die Forschung zu Migrationsursachen und zur Wirkung von Migrationspolitik kann die Diskussion um Fluchtursachenbekämpfung versachlichen, die Trennlinien zu sicherheitspolitischen Überlegungen transparenter machen und zu mehr Politikkohärenz zwischen Instrumenten der Entwicklungs-, Handels- und Agrarpolitik beitragen.

Weiterhin notwendig ist Forschung und Bildung zu Europapolitik und insbesondere zu europapolitischen Entscheidungswegen. Es muss sachlich dargestellt werden, was das EU-Mehrebenensystem im Politikbereich Migration leistet und wo Schwachstellen liegen. Und es müssen Wege aufgezeigt werden, wie die Problemlösungsfähigkeit zu stärken ist.

1 Der Einfachheit halber bezeichnet «Migrationspolitik» hier als Oberbegriff den gesamten Bereich der Asyl- und Migrationspolitik.

2 Die Autorin ist EU-Beamtin beim Europäischen Wirtschafts- und Sozialausschuss. Die in diesem Artikel wiedergegebenen Ansichten sind ausschliesslich persönlicher Natur und sind diesem nicht zuzuschreiben.

ZUKUNFT DER MIGRATION

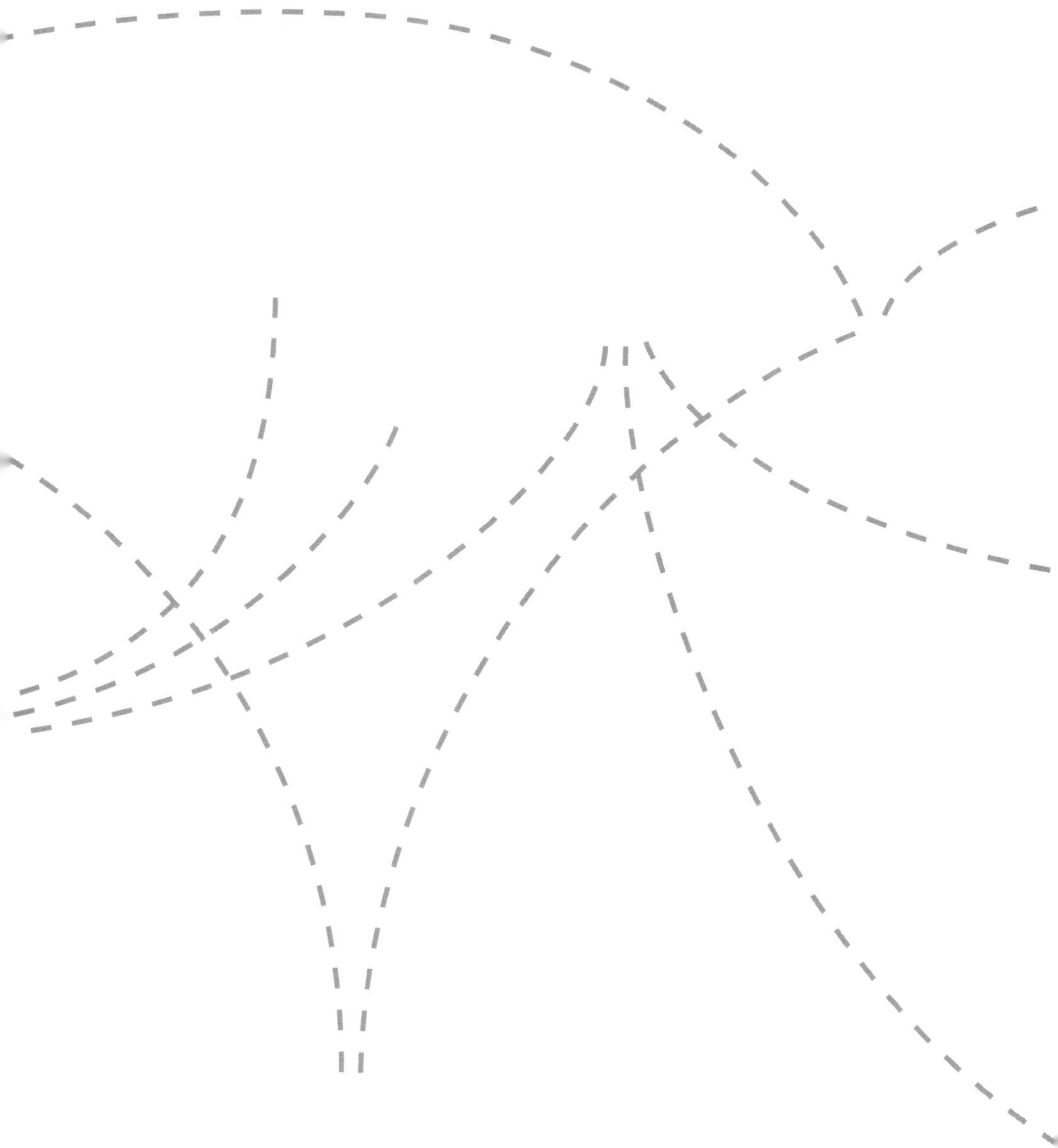

Die ungewisse Zukunft der Migration

Jakub Bijak

Warum die zukünftige Migration wichtig ist

Migration ist ein zentraler demografischer Prozess, dessen Einfluss weit über die blosse räumliche Umverteilung von Menschen hinausgeht: Er formt Bevölkerungen, Volkswirtschaften, Gesellschaften, Politik und Strategien rund um die Welt. Da die Weltbevölkerung im 21. Jahrhundert weiter wachsen dürfte und die Menschen immer stärker miteinander verbunden sind, wird Migration wohl wichtig bleiben. Gleichzeitig werden grosse Anstrengungen unternommen, um Migration vorherzusagen, zu steuern und zu kontrollieren.[1]

Migration ist jedoch vielschichtig, komplex und kaum berechenbar. Wir können kaum etwas über die Migrationsströme in der nahen Zukunft sagen, und die langfristigen Trends bleiben weitgehend im Dunkeln. Infolgedessen sehen sich Gesellschaften in einer widersprüchlichen Lage: Gewünscht wird Kontrolle, aber die Migration entzieht sich ihr weitgehend – grosse Ungleichheiten, Eigeninteressen verschiedener Akteure sowie eine Reihe von Push- und Pull-Faktoren machen die Aufgabe sehr schwierig.

Aufbauend auf einem von der Stiftung BMU angestossenen Forschungsprogramm soll in diesem Essay ein Blick auf die Zukunft der internationalen Migration und die Grenzen unseres Wissens darüber geworfen werden, mit kritischer Evaluierung der Informationsquellen über die Migration sowie der Erklärungen, die für die Mobilität der Menschen vorgebracht werden. Ferner sollen Regelmässigkeiten in Migrationsmustern aufgezeigt werden: bei Alters- und Raumstrukturen, beim Anteil der Diaspora-Bevölkerungen oder auch bei den Überweisungen von Auswanderern in die Heimat (Rimessen).

Schliesslich soll noch gezeigt werden, wie Ehrlichkeit und Offenheit in Bezug auf die Unsicherheiten der Migration politischen Entscheidungsträgern dabei helfen können, kluge Entscheidungen zu treffen und für die Zukunft zu planen – sowohl direkt, im Zusammenhang mit der Migration als solcher, als auch über die Einschätzung der zukünftigen Bevölkerungsgrösse und -struktur. Im Rahmen von Überlegungen zur allgemeineren Rolle der Migrationsforschung werden die sozialen und politischen Folgen des mangelnden Wissens über zukünftige Migration erörtert.

Was wir wissen

Es gibt mehrere Dinge, die wir über künftige Migration wissen. *Erstens* hat sich weltweit der Anteil der Menschen, die ausserhalb ihres Geburtslandes leben, in den letzten Jahrzehnten nur geringfügig erhöht: Gemäss Daten der UNO ist etwa eine Person von 30 ein internationaler Migrant, der im Laufe seines Lebens mindestens einmal den Wohnsitz zwischenstaatlich gewechselt hat. Zum Vergleich: Rund eine Person von zehn ist ein Binnenmigrant, das heisst, sie lebt in einer anderen Region ihres Geburtslandes. Da die Weltbevölkerung infolge der Trägheit demografischer Entwicklungen weiter wächst, dürfte die Anzahl Migranten mindestens im Gleichschritt mit diesem Wachstum zunehmen.

Zweitens gibt es in den Migrationsprozessen starke Regelmässigkeiten: im Räumlichen, wo sich die Migration parallel zu anderen Interaktionen zwischen Ländern entwickelt, oder bei der Altersstruktur durch die Verknüpfung der Migration mit wichtigen Lebensabschnitten. So gehören junge Leute im Erwerbsalter, eventuell mit kleinen Kindern, typischerweise zu den mobilsten Gruppen. Umgekehrt ist die Mobilität relativ gering bei Teenagern, die noch zur Schule gehen, bei 40- und 50-Jährigen sowie gegen das Lebensende.

Drittens wissen wir einiges über die Ursachen von Migration – hier ist ein breites Spektrum an Kräften und Bestimmungsfaktoren am Werk: bewaffnete Konflikte und Verfolgung, politische Faktoren, Lohn- und Beschäftigungsaussichten oder Migranten-Netzwerke und -Organisationen. Im Allgemeinen wird Migration ausgelöst durch Unterschiede bei der Sicherheit, Lebensperspektiven, Einkommen oder Optionen für Lebensmodelle. Da es unwahrscheinlich ist, dass solche Unterschiede verschwinden, werden sie als Auslöser von Migration weiterhin wirksam sein. Auch treten immer wieder neue Arten von Migration und Mobilität auf. Technologische Entwicklungen und tiefe Transportkosten fördern Verkehr, internationales Arbeitspendeln, transnationale und andere nichttraditionelle Arten von Wanderbewegungen. Gemäss der 1971 vom amerikanischen Geografen Wilbur Zelinsky entwickelten These machen moderne

Telekommunikationssysteme einen Teil der Mobilität überflüssig, aber sie haben die konkreten Migrationsströme keineswegs gestoppt. Dieser Trend dürfte anhalten.

Viertens haben wir Einblick gewonnen in die Auswirkungen von Migration auf Wirtschaft und Gesellschaft sowie die mit ihr verbundenen Herausforderungen und Chancen. Wir wissen, dass Migration zwar wirtschaftlichen Nutzen bringt, aber auch Spannungen und einen Kampf um Arbeitsplätze und Löhne auslöst, vor allem bei gering qualifizierten Beschäftigungen und während einer Rezession. Viele Volkswirtschaften stützen sich in grossem Umfang entweder auf Wanderarbeitskräfte oder aber auf die Geldüberweisungen von Arbeitsmigranten im Ausland nach Hause (Rimessen). Die globalen Rimessenströme weisen gemäss Daten der Weltbank ein bemerkenswert stetiges Wachstum auf, auch während Rezessionen.

Fünftens schliesslich kann die Migration zwar unmittelbaren Druck von den Arbeitsmärkten nehmen, sie dürfte jedoch die langfristige demografische Dynamik einer alternden Bevölkerung kaum mildern. Auf der anderen Seite entsteht kurzfristiger Druck auf die soziale Infrastruktur, und die Migration bleibt ein politisch kontroverses Thema. Wenn eine Gesellschaft und die Migranten selbst von der Migration profitieren sollen, ist eine wesentliche Voraussetzung die Integration der Migranten. Diese Aspekte dürften sich in einer globalisierten Wirtschaft, in der sich Arbeits- und Kapitalverkehr ergänzen, wohl nicht ändern.

Was wir nicht wissen

Obwohl wir einiges über die Migration wissen, bestehen doch auch grosse Wissenslücken. Vor allem kennen wir den Status quo – wie viele Menschen migrieren und wie viele Migranten in den verschiedenen Ländern leben – nicht genau. Zunächst einmal gibt es keine einheitliche Definition eines Migranten, sondern zahlreiche verschiedene, mit unterschiedlichen Kriterien für die Einstufung von Menschen als Migranten. Auch die entsprechenden Messgrössen sind unterschiedlich, und es gibt viele widersprüchliche Schätzungen für dieselben Migrationsströme. Infolgedessen sind die bestehenden Migrationsstatistiken sehr unsicher.

Verschiedene Versuche von Migrationsprognosen waren bisher ebenfalls nicht gerade erfolgreich – und ganz bestimmt kann nicht für sämtliche höchst unterschiedlichen Arten von Migration ein einziger Ansatz angewendet werden. Für die relativ stabilen Migrationsströme zwischen den westeuropäischen Ländern gelten beispielsweise ganz andere Mechanismen als für die überaus volatilen und sich rasch verändernden Ströme von Asylsuchenden und Flüchtlingen aus dem Nahen Osten.

Angesichts der vielfältigen Bestimmungsfaktoren, ihrer Komplexität und Wechselwirkungen ist es nicht möglich, die Entscheidungen und das Verhalten einzelner Menschen zuverlässig vorherzusagen, und damit auch nicht die dadurch ausgelösten Migrationsströme. Auch die wirtschaftlichen, sozialen oder politischen Ursachen und ihre Veränderungen können nicht präzise vorausgesagt werden. Migration umfasst ein kompliziertes Geflecht von Akteuren, deren Handlungen und die Rückwirkungen dieser Handlungen. Zudem sind Migranten alles andere als eine homogene Gruppe. Dies macht die Migrationsprozesse noch unberechenbarer und ist ein weiterer Grund, warum eine vollständige Kontrolle der Migration meist illusorisch ist.

Wir können auch nicht sicher sein, wie sich Migration auf Gesellschaften und Volkswirtschaften auswirkt. Die Grössenordnung und sogar das Vorzeichen der fiskalischen Effekte der Migration sind sehr umstritten. Ebenso uneindeutig sind andere Migrationsfolgen wie beispielsweise die negativen Effekte des Braindrain, der Auswanderung hochqualifizierter Berufsleute. Diesem kann der nuanciertere Begriff der «brain circulation» oder sogar ein positiver «brain gain», die Zuwanderung von Hochqualifizierten, gegenübergestellt werden. Manchmal sind einfach zu viele Faktoren im Spiel, als dass klare politische Ratschläge abgegeben werden können.

Je weiter wir in die Zukunft blicken, desto grösser wird die Unsicherheit. Numerische Prognosen funktionieren – wenn überhaupt – bestenfalls auf kurze Sicht. Auf lange Sicht sind Szenarien jedoch das wichtigste Instrument, um die verschiedenen möglichen Migrationsentwicklungen zu erforschen. Wenn jedoch Entscheidungen bei einem hohen Grad an Unsicherheit getroffen werden müssen, reichen Szenarien nicht aus. Es werden vielmehr weitere Instrumente benötigt, um die unbekannte (und möglicherweise unvorhersehbare) Zukunft der Migration in Empfehlungen für die Politik zu übersetzen.

Die hochgradige Unsicherheit sollte uns jedoch nicht daran hindern, das, was wir bereits über Migration wissen, sowie – paradoxerweise – auch das, was wir nicht wissen, zum künftigen Vorteil der Gesellschaft zu nutzen. Wenn wir uns dieser Unsicherheit klar bewusst sind, können wir eine vorsichtigere und ehrlichere Politik machen. Wenn wir uns über die Komplexität der Migration im Klaren sind, wird die Versuchung kleiner, zu allzu simplen Lösungen zu greifen. In dieser Hinsicht vermittelt uns die Unsicherheit zusätzliches Wissen: Wir können die möglichen Auswirkungen dessen, was wir nicht wissen, einbeziehen und entsprechend planen.

Blick in die Zukunft

Unser Wissen über die Zukunft ist sehr begrenzt, und dies gilt für die Migration ebenso wie für jeden anderen Aspekt des Soziallebens. Das Mindeste, was wir tun können, ist, diese Grenzen ehrlich anzuerkennen und vorsichtig damit umzugehen. Ein Beispiel aus dem Migrationsbereich könnten die Reaktionen auf die jüngste Flüchtlingskrise sein. Deren Bewältigung ist viel einfacher, wenn Notfallpläne vorhanden sind, Solidarität und die Bereitschaft, das Risiko und die Lasten auf verschiedene Regionen und Länder zu verteilen. Generell sollten Risiken angemessen gehandhabt und nicht einfach vermieden werden.

Eine Voraussetzung ist, dass wir den Begriff der Unsicherheit akzeptieren, und zwar explizit. Wir müssen auch unseren Blickwinkel erweitern und uns nicht nur mehr Wissen über Migration aneignen, sondern auch Wege finden, dieses Wissen in Entscheidungen und Massnahmen umzusetzen. Wir wissen vielleicht nicht alle Einzelheiten im Voraus, aber wir können immerhin das Beste aus dem machen, was wir wissen, und für verschiedene Eventualitäten planen.

Migration bietet den Menschen eine grosse Chance, sich an den Wandel in Wirtschaft, Gesellschaft und Umwelt anzupassen, was wiederum dazu beiträgt, die Widerstandskraft von Gesellschaften zu stärken.

Für die Forschergemeinde wie auch für die Welt der Politik heisst das, dass wir neue Fragen zur Migration stellen müssen, die uns geeignete – wenn vielleicht auch unvollständige – Antworten für die Herausforderungen der Zukunft liefern. Bereits sind Anzeichen neuer, vielversprechender Forschungsrichtungen für die Untersuchung der zukünftigen Migration erkennbar. Mithilfe von Computersimulationen können bessere Szenarien entworfen und die verschiedenen Perspektiven – von Einzelpersonen und Bevölkerungen, von Zahlen und Geschichten – zusammengeführt werden. Entscheidungsanalysen können dabei helfen, die Risiken und Chancen der zukünftigen Migration gegeneinander abzuwägen.

In den kommenden Jahren wird die Migration weiterhin menschliche Populationen formen, entsprechend einer langen Tradition der «Wanderlust», die unsere Spezies seit Jahrtausenden begleitet. Wenn wir die Grenzen unseres Wissens erkennen, vermeiden wir die Illusion vollkommener Vorausschau und Kontrolle und können das Beste aus dem machen, was verschiedene Formen der Migration realistischerweise bieten können. Nur so können wir die Kräfte der Migration bändigen und widerstandsfähigere Gesellschaften und Volkswirtschaften aufbauen.

Essay übersetzt aus dem Englischen.

1 Der Stiftung BMU wird für ihren Beitrag 03/34 gedankt. Die Ergebnisse dieser Forschungsarbeit wurden publiziert in: Jakub Bijak (2010), *Forecasting International Migration in Europe: A Bayesian View,* Dordrecht: Springer (Springer Series on Demographic Methods and Population Analysis, Vol. 24).

Die Türkei und die Zukunft der Einwanderung: von Auswanderung zu Einwanderung und wieder zurück zu Auswanderung?

Kemal Kirişci

Einleitung

Am meisten fällt beim Thema «Türkei und Einwanderung» auf, wie sich die Türkei in weniger als zwei Jahrzehnten von einem traditionellen Auswanderungsland zu einem Einwanderungsland gewandelt hat. Betrachtet man jedoch die derzeitigen Binnentrends, könnte die Türkei in den nächsten zehn Jahren durchaus wieder ein Auswanderungsland werden. Die Wandlung der Türkei von einer liberalen zu einer illiberalen – um nicht zu sagen konservativen, nationalistischen und religiösen – Demokratie, begleitet von wirtschaftlicher und politischer Instabilität sowie dem Verlust an «soft power», dürfte diese Trends fördern. Auch die knapp 35 Millionen ausländische Staatsangehörige, die allein im Jahr 2015 für Kurzaufenthalte in die Türkei strömten (davon ein stetig wachsender Anteil auch für längere Aufenthalte), dürften in Zukunft weniger werden. Eine sich verschlechternde Sicherheitslage, begleitet von einem dramatischen Einbruch der türkischen Wirtschaft, wird die Türkei als Zielland westlicher und slawischer[1] Einwanderer gegenüber den späten 1990er- und frühen 2000er-Jahren immer weniger attraktiv machen. Hingegen dürfte die Türkei auf der Liste des Uno-Hochkommissariats für Flüchtlinge (UNHCR) wohl das grösste Aufnahmeland von Flüchtlingen bleiben, wenn sich die Lage in Afghanistan, im Irak und in Syrien nicht stabilisiert.

Die Entwicklung der Türkei von einem Auswanderungs- zu einem Einwanderungsland

Wenn die Türkei im Zusammenhang mit Auswanderung genannt wird, denkt man als Erstes an die türkischen Staatsangehörigen, die in den 1960er-Jahren in westeuropäische Länder zogen. Ursprünglich wurden sie als temporäre Gastarbeiter eingeladen; die Mehrheit liess sich jedoch definitiv im jeweiligen Aufnahmeland nieder. Die formelle Arbeitsmigration in diese Länder endete mit der Wirtschaftskrise von 1974/75. Jedoch wanderten türkische Staatsangehörige weiterhin im Rahmen der Familiengründung und des Familiennachzugs ein. Überdies lösten wirtschaftliche und politische Probleme in den 1980er- und 1990er-Jahren einen Strom von Asylsuchenden und irregulären Migranten aus der Türkei aus. Es waren diese Entwicklungen, die das Bild der Türkei als Auswanderungsland konsolidierten – ähnlich wie das Bild Europas als Auswanderungskontinent zwischen Ende des 19. Jahrhunderts und den 1930er-Jahren. Als die Türkei 2014 des 50. Jahrestags der Unterzeichnung des ersten formellen Arbeitsabkommens mit Europa gedachte, zählte die türkische Diaspora in Europa – besser bekannt als «Eurotürken» – rund fünf Millionen Menschen.

Dies begann sich nach dem Ende des Kalten Kriegs zu ändern: Die Türkei wurde zunächst zu einem Transitionsland (d. h. sowohl Herkunftsland von Auswanderern als auch Zielland für Einwanderer) und dann, in den 1990er- und frühen 2000er-Jahren, zu einem Land, in das mehr Menschen einwanderten, als aus ihm auswanderten.

Was der breiteren westlichen Öffentlichkeit und sogar einem guten Teil der Wissenschaft nicht bekannt ist: Die Türkei war seit je ein Einwanderungsland. Seit den ersten Tagen nach der Gründung der Türkischen Republik bis zum Ende des Kalten Kriegs wanderten über eineinhalb Millionen Menschen, hauptsächlich aus den Balkanländern, in die Türkei ein und liessen sich dort nieder. Diese Einwanderer waren durchaus nicht nur ethnische Türken, die sich nach dem Zusammenbruch des Osmanischen Reichs ausserhalb der Grenzen der Türkischen Republik wiederfanden, sondern auch Albaner, Bosnier, Tscherkessen, Pomaken und Tataren. Ähnlich wie bei den deutschen «Aussiedlern» identifizierte das türkische Recht sie als Menschen «türkischer Abstammung und Kultur», denen ein Recht auf Wiederansiedlung in der Türkei zuerkannt wurde. Während des ganzen Kalten Kriegs verzeichnete die Türkei zudem Asylsuchende aus dem Sowjetblock; viele von ihnen siedelten jedoch später in die Vereinigten Staaten und nach Kanada über, anstatt in der Türkei zu bleiben.

Erst nach der islamischen Revolution von 1979 im Iran vermerkte die Türkei eine wachsende Zahl von Asylgesuchen von Nichteuropäern. Angeführt wurde dieser Trend von Iranern, dann – in den 1990er-Jahren – folgten Iraker sowie Staatsangehörige eines breiteren Spektrums von Ländern, von Afghanistan bis Zaire. Zudem kam es zu zwei isolierten Massenzuströmen aus Bulgarien und dem Nordirak in den Jahren 1989 bzw. 1990 mit fast einer Million Flüchtlingen. Während die Flüchtlinge aus Bulgarien blieben und die türkische Staatsangehörigkeit erwerben konnten, wurden diejenigen aus dem Nordirak, mehrheitlich Kurden, gezwungen, zurückzukehren, nachdem im Rahmen der Operation «Provide Comfort» nördlich des 36. Breitengrades eine Schutzzone geschaffen worden war.

Mit dem allmählichen Wandel der türkischen Wirtschaft von einer staatlich dominierten Importsubstitutionswirtschaft zu einer exportorientierten Marktwirtschaft fand die Türkei den Anschluss an die Weltwirtschaft. Die Aufhebung von Visumvorschriften nach 1989 für die Länder der ehemaligen Sowjetunion brachte mehr Einwanderer aus diesen Regionen in die grossen türkischen Städte. Diese Einwanderer nahmen zunächst illegal Jobs in der informellen Wirtschaft an, insbesondere als Haushaltspersonal, oder betrieben einen lukrativen «Gepäckhandel». Die Errichtung der Zollunion mit der EU im Jahr 1995, zusammen mit der Anerkennung der Türkei als Kandidatin für einen späteren Beitritt zur Union, gab der türkischen Wirtschaftsleistung zusätzlichen Auftrieb. Dies wiederum löste grössere Einwanderungswellen aus. Zur Jahrhundertwende war die Türkei ein Transitionsland geworden: Einwanderungs- und Auswanderungsland zugleich.

Im folgenden Jahrzehnt entwickelte sich die türkische Volkswirtschaft glänzend. Die türkische politische Führung leitete überdies eine Reihe von Reformen ein, die die Türkei zu einem Land machten, das als reif für Beitrittsverhandlungen mit der EU erachtet wurde. Die einst mit Beifall bedachte Aussenpolitik unter dem Motto «null Probleme mit Nachbarn» des früheren Aussen- und Premierministers Ahmet Davutoğlu verlieh der Nation ein beeindruckendes Mass an «soft power». Für eine wachsende Zahl von Akademikern, Athleten, Künstlern, Geschäfts- und Berufsleuten, Pensionierten, Studierenden, Touristen und Arbeitern war die Türkei zu einem attraktiven Land geworden. Gemäss Daten des Türkischen Statistikinstituts kamen in den ersten 15 Jahren des 21. Jahrhunderts über

381 Millionen ausländische Staatsangehörige in die Türkei – rund das Fünffache der, für den gesamten Zeitraum auf etwa 75 Millionen geschätzten, türkischen Bevölkerung. Die meisten waren Touristen, Geschäftsleute, Besucher kultureller Anlässe oder Austauschstudierende, manche blieben aber auch für längere Aufenthalte, was dazu führte, dass die Türkei als Einwanderungsland bezeichnet wurde. Ein für die Jahrestagung der Expertengruppe Migration der OECD (Paris, 19. bis 21. Oktober 2016) erstellter Bericht hebt einen starken Anstieg des jährlichen Bestands ausländischer Staatsangehöriger mit Aufenthaltsbewilligungen für Arbeit, Studium oder Sonstiges in der Türkei hervor.

Gleichzeitig überholte und modernisierte die Türkei ihre Einwanderungsgesetzgebung. Das 1934 erlassene Niederlassungsgesetz zur Regelung der Einwanderung wurde 2006 endlich neu formuliert. Die Regierung liess überdies bei der Beschäftigung von ausländischen Staatsangehörigen mehr Flexibilität zu und richtete das Einwanderungsrecht stärker nach EU-Standards aus. Die wichtigste Entwicklung war die Verabschiedung eines neuen Gesetzes im Jahr 2013 zu Anwesenheit, Wohnsitz und Niederlassung ausländischer Staatsangehöriger in der Türkei und zum Schutz von Asylsuchenden und Flüchtlingen. Dieses Gesetz trat 2014 in Kraft und führte zur Gründung der ersten Migrationsbehörde in der Türkei, die für das Ausstellen von Aufenthaltsbewilligungen und die Bearbeitung von Asylgesuchen zuständig ist.

Dass die Türkei bis Dezember 2016 über 2,8 Millionen syrische Flüchtlinge aufgenommen hatte, eine Viertelmillion Flüchtlinge aus dem Irak und eine grosse Zahl Asylsuchende aus diversen anderen Ländern, machte das Land vollends zu einem Einwanderungsland. 2015 führte das UNHCR die Türkei als das Land mit der weltweit grössten Anzahl von aufgenommenen Flüchtlingen auf und als drittgrösstes Aufnahmeland von einzelnen Asylsuchenden nach Deutschland und den Vereinigten Staaten. Als 2011 der bewaffnete Konflikt in Syrien ausbrach, betrieb die Türkei gegenüber syrischen Flüchtlingen eine «Politik der offenen Türen». Damals wurde damit gerechnet, dass rasch ein Regimewechsel erfolgen würde und die Flüchtlinge bald wieder in ihre Heimat zurückkehrten. Die Krise dauert nun aber schon sechs Jahre, die Situation vor Ort ist ganz anders, und der Krieg in Syrien vertrieb bis zur Waffenruhe, die für die Evakuierung von Ost-Aleppo abgeschlossen wurde, weiterhin Menschen aus ihrer Heimat. Der Kampf gegen den sogenannten Islamischen Staat und die unklare Lage in Nordsyrien, das von Oppositionskräften kontrolliert wird, könnten weitere Fluchtbewegungen in die Türkei auslösen. Es wird davon ausgegangen, dass die überwiegende Mehrheit dieser Flüchtlinge über längere Zeit in der Türkei bleiben wird. Die syrische Flüchtlingskrise ist, mit den Worten des UNHCR gesprochen, zu einer Dauerkrise geworden.

Weiter wie gehabt, oder wird die Türkei wieder zu einem Auswanderungsland?

Die Lage in Syrien wird zu weiten Teilen die künftigen Einwanderungswellen in die Türkei bestimmen. Früher stammten Einwanderer, abgesehen von denjenigen, die als von «türkischer Abstammung und Kultur» identifiziert wurden, weitgehend aus Europa und der ehemaligen Sowjetunion. Die in den letzten zwei Jahrzehnten wachsende Zahl von Menschen aus dem postsowjetischen Raum führte sogar dazu, dass von akademischer Seite argumentiert wurde, die türkische Demografie verzeichne eine Art «Re-Slawisierung», die an die Zeit des Osmanischen Reichs erinnere. Obwohl Russland und die Türkei auf diplomatischer Ebene ihre – auf dem Abschuss eines russischen Militärflugzeugs im November 2015 begründeten – Differenzen beigelegt haben, ist schwer zu sagen, ob die Touristenströme aus Russland in die Türkei anhalten werden. Dem Vernehmen nach verkauft eine grosse Anzahl Russen ihre Immobilien und verlässt die Türkei. Ebenso sind viele türkische Staatsangehörige, die in Russland lebten, zurückgekehrt, und Russland hat bisher die visumfreie Einreise für türkische Staatsangehörige nicht wieder eingeführt.

Der Putschversuch in der Türkei im Juli 2016, der von einer Reihe dramatischer Bombenanschläge begleitet wurde, die wiederum die bereits angespannte politische Lage im Land noch verschärfte, sowie eine Reihe von Terrorangriffen einschliesslich der Schiesserei in einem Istanbuler Nachtklub an Silvester liessen den Zustrom ausländischer Staatsangehöriger in den ersten elf Monaten des Jahres 2016 verglichen mit 2015 um 31 Prozent einbrechen. Dieser Einbruch ist in Istanbul, aber auch in den Tourismusdestinationen an der Ägäis und am Mittelmeer schmerzhaft spürbar. Dass bei der Schiesserei im Nachtklub auch Opfer aus arabischen Ländern zu verzeichnen waren, dürfte zudem den bislang steigenden Trend des Tourismus aus arabischen Ländern in die Türkei negativ beeinflussen.

Gleichzeitig wird die Mehrheit der syrischen Flüchtlinge bis auf Weiteres in der Türkei bleiben. Der türkische Präsident hat schon mehrmals deren Einbürgerung befürwortet, im Widerspruch zur öffentlichen Meinung. Diese syrische Gemeinschaft in der Türkei wird überdies wachsen, sobald das Recht auf Familiennachzug und -gründung gesprochen wird – ähnlich wie dies mit der türkischen Diaspora in Europa geschah. Da diese Flüchtlinge mehrheitlich sunnitische Muslime sind, werden sie die konservative Haltung im Land verstärken, und die säkulare Grundlage des türkischen Rechts könnte untergraben werden. Ein Anzeichen hierfür ist die jüngst erfolgte Entkriminalisierung von Eheschliessungen vor Imamen oder religiösen Autoritäten anstatt vor zivilen Behörden. Zudem ist eine wachsende Toleranz für Polygamie und die Verheiratung von Minderjährigen festzustellen.

Abgesehen von den Syrern sind Prognosen zur Einwanderung aus Nachbarstaaten in die Türkei schwierig. Auch wenn sich die Wirtschafts- und Sicherheitslage der Türkei verschlechtert, wird das Land diesbezüglich im Vergleich zu seinen Nachbarstaaten wohl immer noch gut dastehen. Die Arbeitsmigration könnte also anhalten. Dies hängt insbesondere davon ab, ob der türkische Präsident als Sieger aus der Volksabstimmung hervorgeht, die im April 2017 über Änderungen der türkischen Verfassung in Richtung erhöhter Machtbefugnisse für den Präsidenten entscheiden soll, und ob er das Land tatsächlich stabilisieren und die Wirtschaft wieder ankurbeln kann. Gleichzeitig dürfte sich die Anzahl der Asylgesuche weiter erhöhen, solange in den umliegenden Ländern Chaos und Instabilität andauern. Angesichts der Ereignisse von 2016 und der zügellosen antiwestlichen Gefühle, die von der türkischen Regierung angeheizt werden, werden erhebliche ausländische Direktinvestitionen und die damit verbundene Rückkehr qualifizierter Expats ausbleiben. Es ist auch stark zu bezweifeln, dass es türkischen Universitäten gelingen wird, ihre Beliebtheit bei amerikanischen und europäischen Studenten zurückzuerlangen, die früher durch bilaterale Programme von Universitäten und dem Erasmus-Programm der EU gefördert wurde. Die Zahl der ausländischen Studierenden ist massiv eingebrochen – nur wenige fühlen sich sicher genug, um in die Türkei zu kommen. Tatsächlich geben viele westliche Länder nach wie vor Reisehinweise heraus, die ihren Staatsangehörigen von Reisen in die Türkei abraten. Dieser Trend könnte vielleicht – zumindest teilweise – durch ein von der türkischen Regierung geschaffenes Austauschprogramm namens Mevlana kompensiert werden; dieses richtet sich an Studierende aussereuropäischer, insbesondere muslimischer Länder. Insgesamt ist es höchst unwahrscheinlich, dass die Türkei angesichts des schwindenden Glanzes ihrer «soft power» so viele Menschen wie im vergangenen Jahrzehnt anziehen kann, selbst wenn eine gewisse Einwanderung in die Türkei anhält.

Auch die Auswanderungstrends dürften sich in den nächsten Jahren verändern. Das deutsche Bundesamt für Migration und Flüchtlinge nennt das Jahr 2006 als bedeutenden Wendepunkt – das Jahr, in dem die Zahl der Menschen, die von Deutschland in die Türkei auswanderten, die Zahl derjenigen überstieg, die aus der Türkei nach Deutschland kamen. Damals bot die Türkei den «Eurotürken» wie auch den Einheimischen mehr wirtschaftliche Chancen. Einige Experten bezeichneten diesen Trend sogar als Braindrain in Richtung Türkei. Dieser Trend scheint sich gewendet zu haben: Die Handelsnetzwerke der Türkei schrumpfen, und Touristen wählen andere Ferienziele; die Arbeitslosigkeit im Land nimmt zu, und europäische Unternehmen ziehen sich in wachsendem Ausmass aus der Türkei zurück. Viele gut ausgebildete, in die Türkei zurückgekehrte «Eurotürken» der zweiten und dritten Generation dürften wiederum nach Deutschland und Europa zurückkehren, besonders wenn sich die wirtschaftliche Erholung in der EU fortsetzt und die politische Instabilität und Unsicherheit in der Türkei anhalten. Zudem mehren sich die Medienberichte, wonach die bedrückende Lage und der wachsende Konservatismus im Land immer mehr gut ausgebildete türkische Staatsangehörige veranlassen, ausserhalb der Türkei wirtschaftliche Chancen zu suchen und auszuwandern. In den nächsten Jahren dürfte es daher zu einem Braindrain aus der Türkei nach Europa und noch weiter weg kommen. Tatsächlich veröffentlichte *Al-Monitor* im November 2016 einen auf Einzelberichten beruhenden Artikel mit dem Titel «Ausnahmezustand in der Türkei heizt ‹Brain Drain› an». Damit könnte eine Zunahme der Asylgesuche von türkischen Staatsangehörigen in Europa einhergehen. Die Zahl der Asylsuchenden aus der Türkei in Europa lag im Zeitraum von 1981 bis 2005 bei durchschnittlich 24 000 pro Jahr, sank stetig und erreichte 2014 ihren Tiefststand von 4500. 2015 stieg die Zahl wieder an, wenn auch erst geringfügig. Dieser Trend könnte sich jedoch beschleunigen, wenn die Sicherheitslage im Südosten des Landes fragil bleibt und die Regierung die Repression von Andersdenkenden im Namen der Terrorismusbekämpfung verstärkt. Die «Säuberungen» und die Verhängung des Ausnahmezustands nach dem Putschversuch im Juli 2016 haben gemäss dem Bundesamt für Migration und

Flüchtlinge bereits zu einer Zunahme der Asylanträge in Deutschland geführt, darunter sind auch Gesuche von prominenten türkischen Journalisten. Tatsächlich war es genau diese Art von Politik, die in den 1980er- und 1990er-Jahren zahlreiche türkische Staatsangehörige Zuflucht in Europa suchen liess.

Zum jetzigen Zeitpunkt ist es sehr schwierig, über die Zukunft der Türkei zu spekulieren. Der Kommentar einer prominenten türkischen Kolumnistin in den *Hürriyet Daily News* spricht jedoch für sich: «Noch vor zehn Jahren war die Türkei das leuchtende Gestirn der Region. Expats drängten in die Türkei, und Vertreter verschiedenster Branchen aus aller Welt wollten ihre Jahrestagungen unbedingt in der Türkei abhalten.» Die Zukunft der Türkei wird stark davon abhängen, wie sich die türkische Politik entwickelt und ob es dem türkischen Präsidenten gelingt, seine Macht zu konsolidieren und ein Minimum an politischer Stabilität und Wirtschaftswachstum zu erreichen. So oder so wird die Türkei wohl kaum zu dem Einwanderungsniveau zurückkehren, das sie noch vor nur einem Jahr verzeichnete. Wenn sich die Lage tatsächlich bessert, dürfte sie als grösste, relativ stabile, meistdiversifizierte und potenziell dynamischste Volkswirtschaft in ihrer Nachbarschaft attraktiv für diejenigen sein, die instabilen Verhältnissen in Nachbarländern entkommen wollen. Die demografische Zusammensetzung dieser Einwanderer wird diesmal jedoch anders sein. Es werden weniger Leute aus dem Westen und der slawischen Welt einschliesslich Georgien kommen und mehr aus arabischen und muslimischen Gebieten. Es herrscht ein stillschweigender Konsens, dass die syrischen Flüchtlinge noch viele Jahre lang nicht nach Hause zurückkehren werden. Angesichts der wachsenden Abwehr gegenüber Migranten sowohl in Europa als auch in den Vereinigten Staaten wird die überwiegende Mehrheit in der Türkei bleiben – was wiederum mehr Syrer anziehen wird. Zudem wird die Türkei sicher weiterhin Ziel von Einwanderern aus afrikanischen Ländern sowie ein Transitland bleiben. Einige grössere türkische Städte beherbergen bereits eine beträchtliche afrikanische Gemeinschaft, die sich aus Asylsuchenden, illegalen Einwanderern sowie Sportlern, in erster Linie Fussballspielern, und Musikern zusammensetzt. Schliesslich ist es auch wahrscheinlich, dass die Türkei immer häufiger Ziel von sogenannten Klima- oder Umweltflüchtlingen wird, die aus vom Klimawandel besonders betroffenen Gebieten des Mittleren Ostens kommen. Die wachsende Zahl von Menschen aus Bangladesch, die in den letzten Jahren in die Türkei kamen, ist vielleicht bereits Teil dieses

Trends. Angesichts der sich verschlechternden Lage von Muslimen in Burma würde es auch keine Überraschung sein, wenn einige von ihnen den Weg in die Türkei fänden. Selbst wenn viele dieser Migranten vermutlich in reichere Länder der EU ziehen wollen, dürfte die Mehrheit von ihnen in der Türkei stranden.

Auf viel längere Sicht, wenn sich die Lage im Irak und in Syrien beruhigt und ein entschlossener Wiederaufbau beginnt, könnte dies zahlreiche internationale Organisationen, NGOs und Unternehmen in die Türkei ziehen. Eine solche Entwicklung würde die türkische Wirtschaft beleben und gut ausgebildeten «Eurotürken» sowie vielleicht einigen ihrer europäischen Kollegen den Anreiz bieten, in die Türkei zurückzukehren. Sollten diese Entwicklungen mit der Rückkehr zu einem Mindestmass an Demokratie und Rechtsstaatlichkeit sowie mit einer pragmatischen Aussenpolitik verbunden sein, könnte dies der Türkei helfen, einen Teil der verlorenen «soft power» zurückzugewinnen. Sie könnte wieder zum Einwanderungsland werden, das sie im ersten Jahrzehnt dieses Jahrhunderts gewesen ist. Andernfalls wird sich die Türkei nur schleppend entwickeln und weiterhin Menschen aus seiner Nachbarschaft und von noch weiter her, aber nicht unbedingt aus Europa anziehen. Sie wäre auch ein viel konservativeres, nationalistischeres und religiöseres Land, viel weniger offen für Diversität und gegenüber Ausländern. Ein Land, das diejenigen verfolgt oder vertreibt, die die neue nationale Identität nicht begeistert annehmen und sich weigern, ein Lippenbekenntnis dafür abzulegen. Aber auch nicht ausser Acht zu lassen ist die Möglichkeit, dass sich immer mehr «Eurotürken» zur Rückkehr in die Türkei gezwungen sehen, falls sich rechtsextreme immigrations- und muslimfeindliche Strömungen in Europa weiter verbreiten.

Essay übersetzt aus dem Englischen.

1 Im Einwanderungskontext der Türkei werden unter dem Oberbegriff «Slawen» einerseits Angehörige des Balkans wie Bulgaren, Mazedonier, Serben und Bosnier und andererseits Russen und Ukrainer verstanden. Anm. d. Herausgeber.

Gegenwart und Zukunft der globalen Migrationsbewegungen

Jochen Oltmer

Migration ist von jeher ein zentrales Element der Anpassung des Menschen an veränderte Umweltbedingungen sowie an soziale, ökonomische und politische Herausforderungen. Unzählige Beispiele aus allen Teilen der Welt belegen das Ausmass, mit dem Arbeits-, Bildungs- oder Siedlungswanderungen, Flucht, Vertreibungen oder Deportationen die Bevölkerungszusammensetzung, Arbeitsmärkte oder kulturell-religiöse Orientierungen beeinflussten. Auch in Zukunft dürfte Migration ein globales Thema bleiben. Werden aber der Umfang der räumlichen Bewegungen zunehmen und deren Muster sich verändern?

Auf der Grundlage einiger Trends der vergangenen Jahre und Jahrzehnte lässt sich die Zukunft der globalen Migrationsverhältnisse skizzieren. Im Folgenden gilt das Interesse drei Themenkomplexen: dem Umfang der Bewegungen zwischen dem globalen Süden und dem globalen Norden, der weltweiten Verstädterung und den Folgen von Klimawandel und Umweltveränderungen. Nicht thematisiert wird hingegen die Zukunft der Gewaltmigration – also des Ausweichens von Menschen vor staatlicher, halbstaatlicher oder quasistaatlicher Gewalt im Kontext von Kriegen, Bürgerkriegen oder Massnahmen autoritärer Systeme. Wegen der unabsehbaren Dynamik solcher Gewaltkonstellationen erscheint es als unmöglich, nachvollziehbare Hinweise über Umfang und Zielrichtung von Fluchtbewegungen und Vertreibungen in der Zukunft geben zu können.

1. Globale Süd-Nord-Migration

Vielfach wird behauptet, das Niveau der globalen Migrationsbewegungen sei in den vergangenen Jahren und Jahrzehnten vor dem Hintergrund einer beschleunigten Globalisierung deutlich angestiegen – und werde zukünftig weiter ansteigen. Diese Annahme lässt sich nicht bestätigen. Wie das Vienna Institute of Demography in einer aufwendigen Studie ermittelte, die die grenzüberschreitenden Zu- und Abwanderungen für

196 Staaten weltweit je einzeln erschlossen hat, können für die vergangenen mehr als fünf Jahrzehnte keine erheblichen Veränderungen des Umfangs der Migrationsbewegungen ausgemacht werden: Der Anteil von Personen an der Weltbevölkerung, die innerhalb von Fünf-Jahres-Perioden international migrieren, ist seit 1960 recht stabil bei je 0,6 Prozent. Das heisst in absoluten Zahlen etwa für die Jahre von 2005 bis 2010: 41,5 Millionen internationale Migrantinnen und Migranten bei einer Weltbevölkerung von rund 7 Milliarden.

Auffällig sind an diesen Daten nicht nur das relativ niedrige Niveau der zwischenstaatlichen Migration und die ausgeprägte Stabilität über Jahrzehnte. Darüber hinaus zeigt sich, dass die Bewegungen überwiegend innerhalb von Weltregionen wie Westafrika, Südamerika oder Ostasien stattfinden, während Migration, die die Grenzen von Kontinenten überschreitet, kaum ins Gewicht fällt. Selbst ein Staat wie die Bundesrepublik Deutschland, der seit 2010 relativ starke Zu- und Abwanderungen erlebt, verzeichnete – bis auf das Ausnahmejahr 2015 – vornehmlich Bewegungen aus anderen europäischen Staaten: Drei Viertel aller Zuwanderer der vergangenen Jahre kamen bis einschliesslich 2014 aus Europa.

Festhalten lässt sich auch, dass der Umfang der Zuwanderungen aus dem ärmeren Süden der Welt in den reicheren Norden in den vergangenen Jahrzehnten gering war und Prognosen der UN zufolge in den kommenden Jahren auch nicht signifikant ansteigen wird – eine Feststellung, die gänzlich den Vorstellungen über die vermeintliche Bedrohung «westlicher» Gesellschaften durch Massenzuwanderungen aus anderen Weltregionen widerspricht. Verantwortlich für das relativ niedrige Niveau globaler Süd-Nord-Migration sind vornehmlich drei Aspekte: Armut, fehlende Netzwerke und restriktive Migrationsregime.

Finanzielle Ressourcen bilden eine wesentliche Voraussetzung für die Entwicklung eines individuellen Migrationsprojekts: Kosten für Papiere und Transport sind hoch, irregulär Reisende müssen in der Regel Schlepper teuer bezahlen. Zudem ist die Ankunft in einem Zielland meist nicht sofort mit der Aufnahme einer bezahlten Tätigkeit verbunden. Anfangsinvestitionen sind nötig, Sparkapital wird verbraucht, Geld muss geliehen werden. Für einen Grossteil der Bewohner der Welt ist die Umsetzung eines Migrationsprojekts, das grosse Distanzen zu überwinden versucht, illusorisch. Zahlreiche Studien belegen vielmehr: Armut schränkt die Bewegungsfähigkeit massiv ein. Auch deshalb verfügt ein Grossteil der Zuwandernden, die in den vergangenen Monaten und Jahren Europa aus

Afrika kommend erreichten, über einen vergleichsweise guten finanziellen Hintergrund und über eine gute Ausbildung.

Angesichts einer relativ geringen globalen Süd-Nord-Migration in der jüngeren Vergangenheit ist ausserdem die Zahl der Pioniermigranten sowie der Umfang der Kontinente übergreifenden verwandtschaftlich-bekanntschaftlichen Netzwerke und damit das verlässliche Wissen über die Chancen im globalen Norden im grössten Teil der ärmeren Bevölkerung der Welt gering. Auch diese Faktoren halten die Zahl der Süd-Nord-Migranten auf einem niedrigen Niveau. Die ökonomisch führenden Staaten der Welt haben ausserdem migrationspolitische Muster durchgesetzt, die auf eine strikte Kontrolle und Begrenzung von Zuwanderung insbesondere aus dem globalen Süden zielen: Neben eine vermehrte Grenzüberwachung und restriktive Visa- und Einreisebestimmungen gegenüber potenziellen Zuwanderern, die nicht aufgrund von hoher Qualifikation oder Besitz als begehrte Träger von («Human»-)Kapital gelten, treten hierbei immer häufiger Verträge mit Herkunftsländern, die vor allem darauf ausgerichtet sind, die Rückkehr nichterwünschter Zuwanderer zu garantieren.

Ein solcher Befund widerspricht nicht der Beobachtung, dass Migration weiterhin für Individuen, Familien und Kollektive ein Mittel der Wahrnehmung von Chancen ist. Restriktive Regelungen können Wanderungen nicht gänzlich verhindern. Ökonomisch prosperierende Regionen ziehen weiterhin Menschen an, und Zuwanderer tragen, wie zahlreiche Studien belegen, zu ihrer Prosperität bei. Während aber vielen Menschen weltweit die Handlungsmacht fehlt, Bewegungen über grössere Distanzen zu realisieren, gewinnen Zuwanderungen in die grossen Städte und damit Migrationen im Nahbereich an Gewicht.

2. Das Wachstum der Städte

Im Jahr 2007 überstieg nach Angaben der UN weltweit erstmals die Zahl der Stadtbewohner jene der Landbewohner. 2015 lebten 54 Prozent der Weltbevölkerung in Städten. Die UN nimmt an, dass bis 2050 die städtische Bevölkerung der Welt um 2,5 Milliarden wachsen wird. Dann sollen zwei Drittel (rund 6,4 Milliarden) der Erdbevölkerung in Städten leben.

Die Urbanisierungsraten der Kontinente im Vergleich zeigen, dass 2015 Afrika mit einem Wert von 40 Prozent und Asien mit 48 Prozent (noch) die globalen Schlusslichter bilden. Die höchste Urbanisierungsrate weist Nordamerika mit 82 Prozent auf, gefolgt von Südamerika und der Karibik mit 80 Prozent. Europa erreichte 76 Prozent, Ozeanien 71 Prozent. Zonen extrem hoher Verstädterung – sieht man von Stadtstaaten wie Singapur, Hongkong oder Macao ab – bilden Japan mit 93,5 Prozent sowie einzelne Emirate am Persischen Golf wie Kuwait (98,3 Prozent) und Katar (99,2 Prozent). 1950 zählten weltweit nur zwei Städte mehr als 10 Millionen Einwohner, 1990 waren es bereits zehn Städte. Diese 10 «Megacities» beherbergten 153 Millionen Menschen. 2015 gab es 28 solcher Megacities mit insgesamt 453 Millionen Einwohnern (12 Prozent der weltweiten Stadtbevölkerung und 6 Prozent der Weltbevölkerung), von denen sich 16 in Asien, vier in Lateinamerika, jeweils drei in Afrika und Europa sowie zwei in Nordamerika befinden. Damit liegen die meisten Megacities im globalen Süden. Bis 2030 soll ihre Zahl auf 41 ansteigen, die beinahe 9 Prozent der Weltbevölkerung beherbergen. Die mit Abstand grösste Megacity bildet der Grossraum Tokio mit rund 38 Millionen Einwohnern 2014, gefolgt von Delhi mit 25 Millionen, Shanghai mit 23 Millionen und Mexiko-Stadt, Mumbai und São Paulo mit je rund 21 Millionen Einwohnern.

Weit vorangeschritten ist zudem bereits die Entwicklung gigantischer «Megaregionen». Sie entwickeln ihre Wachstumsdynamik auch deshalb, weil einzelne Megacities zusammenwachsen oder Megacities mit anderen Metropolitanregionen in der Umgebung verschmelzen. 2015 umfasste die japanische Megaregion Tokio-Nagoya-Osaka-Kyoto-Kobe 60 Millionen Menschen. Die Distanz Tokio–Kobe beträgt knapp 430 Kilometer, mehr als ein Viertel der japanischen Bevölkerung lebt in Tokio, knapp die Hälfte in dieser Megaregion. In Brasilien erstreckt sich ein zusammenwachsender Gürtel von grossstädtischen Agglomerationen von São Paulo bis Rio de Janeiro mit rund 43 Millionen Bewohnern, die Megaregion Hongkong-Shenzhen-Guangzhou zählt gar eine Bevölkerung von 120 Millionen.

Das weltweite Ansteigen des Umfangs der städtischen Bevölkerung findet bis 2030 voraussichtlich zu vier Fünfteln in Afrika und Asien statt. Dabei wird sich die Stadtbevölkerung in weniger entwickelten Ländern nach Schätzungen der UN von 2,9 Milliarden im Jahr 2015 auf 5,2 Milliarden bis 2050 beinahe verdoppeln. Wie rasch die Stadtbevölkerung in den vergangenen Jahrzehnten wuchs und zukünftig wachsen wird, verdeutlichen Angaben zu Afrika: 1910 soll die Zahl der afrikanischen Stadtbewohner bei nur 4 Millionen gelegen haben, 1950 waren es 32 Millionen, 1990 dann 197 Millionen. 2014 lag sie bei 455 Millionen, 2030 werden es wahrscheinlich 770 Millionen sein, 2050 schliesslich 1,3 Milliarden.

Ein Grossteil der Städte und urbanen Agglomerationen wuchs in Afrika, Asien oder Südamerika in den vergangenen Jahrzehnten ungeplant. Die Infrastruktur (Strassen, Wasserver- und -entsorgung, Elektrizität, Müllentsorgung) hielt meist nicht Schritt, mit der Folge sozialer Konflikte und der Bildung von Slums. Slums lassen sich definieren als informelle, meist übervölkerte Siedlungen, die gekennzeichnet sind durch eine prekäre Bausubstanz, eine wenig ausgebaute Infrastruktur und geringen Schutz vor Witterungseinflüssen und vor Eindringlingen. Mitte der 2010er-Jahre leben weltweit wahrscheinlich fast eine Milliarde Menschen in rund 200 000 Slums, mit riesigen Unterschieden in der Verteilung über die Regionen der Welt: Vor allem im subsaharischen Afrika zählt mit mehr als zwei Dritteln der grösste Teil der Städter zu den Slum-Bewohnern, für Asien wird eine Rate von zwei Fünfteln angenommen.

Trotz solcher Bedingungen bleiben die Städte auch im globalen Süden für viele Menschen attraktive – und erreichbare – Zuwanderungsziele: Sie sind Zentren von Wirtschaftswachstum und Innovation, bieten viele und differenzierte Erwerbsmöglichkeiten im formellen und informellen Sektor. Die Gesundheitsversorgung ist in der Regel ebenso besser wie das Angebot an Gütern des täglichen Bedarfs oder die Bildungsmöglichkeiten. Neben dem natürlichen Bevölkerungswachstum wird deshalb auch in Zukunft das Wachstum der Städte zu einem sehr guten Teil Ergebnis von Land-Stadt-Wanderungen sein.

3. Klimawandel und Umweltveränderungen

Unbestreitbar wächst der Umfang ökologisch labiler Regionen aufgrund von Desertifikation (also der Ausbreitung von Wüsten), Versalzung, Versteppung, Überschwemmung und Verschmutzung Jahr um Jahr. Umweltbelastung ist selten der einzige Hintergrund für die Abwanderung von Menschen. Vielmehr wirkt sie in aller Regel mit ökonomischen und sozialen, aber auch kulturellen und politischen Faktoren zusammen. Wegen des komplexen Bedingungsgefüges sind viele Wissenschaftler und internationale Organisationen dazu übergegangen, nicht mehr – unspezifisch – von «Umweltmigration» oder «Klimaflüchtlingen» zu sprechen, sondern die

Definitionen enger zu fassen und jene Migrationen zu ermitteln, die unmittelbar durch Natur- und Umweltkatastrophen ausgelöst worden sind. Für diesen Kontext setzt sich aktuell der Begriff der «Katastrophenvertriebenen» durch. Ihre Zahl ist für 2014 mit 19,3 Millionen angegeben worden. Über 90 Prozent der für diesen Zusammenhang relevanten Natur- und Umweltkatastrophen liessen sich auf extreme Wetterereignisse zurückführen (Stürme, Trockenheit, vor allem aber Flutkatastrophen und Überschwemmungen), weniger als 10 Prozent waren durch Veränderungen der Erdkruste (Erdbeben, Vulkanausbrüche) ausgelöst worden.

«Katastrophenvertriebene» wurden zwar in rund 100 Staaten weltweit gezählt, dennoch lassen sich klare regionale Schwerpunkte ausmachen: 87 Prozent aller Menschen, die vor Natur- und Umweltkatastrophen auswichen, lebten in Asien, das 60 Prozent der Weltbevölkerung beherbergt. 95 Prozent aller seit 2008 gezählten 175 Millionen «Katastrophenvertriebenen» waren Angehörige armer Gesellschaften. Hier ist die Bevölkerung gegenüber solchen Katastrophen besonders verletzlich – wegen geringer Ressourcen, starken Bevölkerungszuwachses, Armut, schwacher Staaten sowie gesellschaftlicher und zwischenstaatlicher Konflikte.

Die Klimaforschung geht davon aus, dass der Meeresspiegel im 20. Jahrhundert insgesamt um 15 bis 20 Zentimeter angestiegen ist. Seit Anfang der 1990er-Jahre hebt er sich um etwa 3 Zentimeter pro Jahrzehnt. Aktuelle Modelle rechnen mit einem Anstieg bis zum Jahr 2100 von einem Meter. Gegenwärtig leben rund zwei Drittel aller Menschen auf der Erde keine 100 Kilometer vom Meer entfernt. Von den 50 grössten Städten der Welt finden sich 30 am Meer. Im Pazifischen und im Indischen Ozean leben rund 7 Millionen Menschen auf Inseln, die durch den Anstieg des Meeresspiegels bedroht sind (als «Sinking Islands», wie die Malediven, die Marshall-Inseln, Palau und die Salomon-Inseln). Grosse tief liegende Regionen, wie etwa im Golf von Bengalen, die schon in der Vergangenheit Jahr um Jahr überschwemmt wurden, sind ebenfalls gefährdet. Vor allem hier führt der Anstieg des Meeresspiegels zu einem Verlust von Ackerland. Dies wiederum hat Folgen für die Nahrungssicherheit. Viele der tiefer gelegenen Küstenregionen Asiens sind insofern «Kornkammern» der Welt, als sich hier ein grosser Teil der globalen Reisproduktion konzentriert, von der Millionen Menschen direkt oder indirekt abhängig sind. Schätzungen sprechen von einer unmittelbaren Gefährdung der Reisversorgung von rund 200 Millionen Menschen durch den Anstieg des Meeresspiegels.

Umweltbedingte Krisen verschlechtern fast immer ohnehin prekäre ökonomische Grundlagen, sodass nur die temporäre oder dauerhafte Abwanderung eine Verbesserung der Lebenssituation zu bieten scheint. Umweltbedingte Krisen bringen häufig kulturelle Krisen mit sich, werden politisch instrumentalisiert oder führen zu politischen Konflikten, die wiederum Migration forcieren können. In Regionen, in denen geringe politische Stabilität und schwach ausgeprägte staatliche Problemlösungskapazitäten, krisenanfällige Ökonomien und gesellschaftlicher Unfrieden herrschen, werden umweltbedingte Krisen die «Vulnerabilität», also die Verletzbarkeit der Region, noch steigern. Hier können sie sogar als Katalysator wirken und den Zusammenbruch einer ohnehin labilen politischen, gesellschaftlichen und wirtschaftlichen Ordnung anstossen. Demgegenüber kann davon ausgegangen werden, dass stabile politische, gesellschaftliche und ökonomische Systeme Reaktionsmuster entwickeln, die eine konfliktärmere Bewältigung der Folgen von Umweltveränderungen erwarten lassen.

Verschiedene Hilfsorganisationen fordern eine Erweiterung der Genfer Flüchtlingskonvention und die Anerkennung der Folgen des Klimawandels als Schutzgrund. Das ist bislang von internationalen Organisationen und Staaten abgelehnt worden: Wegen der unterschiedlichen, sich überlagernden Migrationsmotive der Betroffenen lasse sich ein umweltbedingter Hintergrund kaum klar fassen. Darüber hinaus führe die Erweiterung des Kanons der anerkannten Fluchtgründe dazu, restriktive Flüchtlingspolitiken mancher Staaten zu forcieren, die Zuwanderungsmöglichkeiten begrenzen wollten. Ausserdem überschreite ohnehin ein Grossteil der Betroffenen keine nationalen Grenzen, weshalb sie zu der Gruppe der «Binnenvertriebenen» («internally displaced persons», IDPs) zu zählen seien, die nicht unter die Genfer Flüchtlingskonvention fallen, weshalb deren Schutz ohnehin nicht greife. Bislang haben lediglich Schweden und Finnland einen gesetzlichen Rahmen im Kontext umweltbedingter Migrationen geschaffen. In Finnland können Betroffene humanitären Schutz, zum Beispiel bei einer Umweltkatastrophe, einfordern und einen befristeten Aufenthaltstitel erhalten; Asyl oder subsidiärer Schutz wird allerdings nicht gewährt.

Der Blick auf «Katastrophenvertriebene» und das Gewicht von Umweltveränderungen für das Migrationsgeschehen wirft die Frage nach potenziellen Zuwanderungszielen auf. Voraussichtlich wird es nicht zu vermehrten trans- oder interkontinentalen Massenmigrationen kommen:

Bewegungen über grössere Distanzen sind, wie geschildert, kostenträchtige Projekte. Eine verschlechterte ökonomische Situation aufgrund von Umweltveränderungen beschränkt in der Regel die Bewegungsfähigkeit. Die lange Geschichte des Ausweichens vor Umweltkatastrophen oder der migratorischen Reaktionen auf «Failed States» macht deutlich, dass deswegen Umweltveränderungen vor allem das lokale und regionale Wanderungsgeschehen in den Risikozonen der Welt beeinflussen werden. Der reiche Norden der Welt als Hauptverursacher des Klimawandels wird nicht oder nur in geringerem Masse betroffen sein: Der grösste Teil der Bewegungen wird, soweit absehbar, kleinräumig bleiben oder als Süd-Süd-Migration stattfinden.

Bibliografie

Guy J. Abel und Nikola Sander (2014), «Quantifying Global International Migration Flows». In: *Science*, 343, S. 1520–1522.

Jochen Oltmer (2016), *Globale Migration. Geschichte und Gegenwart.* 3. Aufl., München: C. H. Beck.

UN Department of Economic and Social Affairs, Population Division (2013), *World Population Prospects: The 2012 Revision.* New York.

UN Department of Economic and Social Affairs, Population Division (2015), *World Urbanization Prospects: The 2014 Revision.* New York.

Wissenschaftlicher Beirat der Bundesregierung «Globale Umweltveränderungen» (2008), *Welt im Wandel – Sicherheitsrisiko Klimawandel.* Berlin.

Die klimabedingte Migration – eine Bedrohung für Europa?

Etienne Piguet

Dass Umweltschäden eine Bevölkerung zum Auswandern veranlassen können, war im 19. Jahrhundert für die ersten Migrationsforscher offensichtlich, und anerkanntermassen spielten Klimafaktoren bei den grossen historischen Völkerwanderungen eine zentrale Rolle. Im 20. Jahrhundert richtete sich die Migrationsforschung jedoch immer mehr auf wirtschaftliche und politische Erklärungen für die gegenwärtigen Migrationen aus, in der Überzeugung, dass die wachsende Beherrschung der Natur durch die menschlichen Gesellschaften diese von Umweltzwängen befreite (Piguet 2013).[1]

Mit dem Erwachen des Bewusstseins für den Klimawandel gewann jedoch die Vorstellung eines möglichen Exodus von Bevölkerungen, die von plötzlichen oder schleichenden Naturkatastrophen betroffen sind, wieder stark an Boden. Die Gefahr von Vertreibungen durch einen Klimawandel wird 1990 im ersten Bericht des Intergovernmental Panel on Climate Change (IPCC) genannt, aber das Bewusstwerden dieses Risikos kann genau auf 2007 datiert werden, parallel zur Veröffentlichung des 4. Berichts des IPCC. In seinem bahnbrechenden Werk merkt der britische Ökonom Nicholas Stern an: «Zunehmende Ressourcenknappheit, Wüstenbildung, Gefahr von Dürren und Überschwemmungen sowie ein Anstieg des Meeresspiegels könnten viele Millionen Menschen zur Auswanderung zwingen» (Stern 2007: 128). Im gleichen Jahr publizieren mehrere NGOs sowie militärische Kreise beunruhigende Berichte. In den Vereinigten Staaten nennt das Center for Naval Analyses, eine von ehemaligen Generälen und Admiralen gebildete Nichtregierungsorganisation,[2] die Ströme von Asylbewerbern und Flüchtlingen, die vor Klimakatastrophen fliehen, an prominenter Stelle unter künftigen Gefahren. Dieses Vorrücken auf der Agenda kulminierte am 17. April 2007 anlässlich der ersten Sitzung des Sicherheitsrats der UNO, die dem Klimawandel gewidmet war: Das Thema Migration steht dort im Zentrum, neben der Ernährungssicherheit, den Wasserressourcen und den Konflikten. 2011 wird das Thema an einer weiteren Sitzung des Sicherheitsrats wieder aufgegriffen, und UNO-Generalsekretär Ban Ki-Moon hält dort fest, die Umweltflüchtlinge könnten die «Humangeografie des Planeten verändern». Auch in den Medien und in den Sorgen der Öffentlichkeit nimmt das Thema breiten Raum ein. In seinem Bestseller «Klimakriege» bringt Harald Welzer vor: «Amerika und Europa werden sich künftig wirksamer schützen müssen vor dem Ansturm der befürchteten Millionen von Flüchtlingen, die wegen des Klimawandels zu erwarten sind – Hunger, Wasserprobleme, Kriege und Verwüstungen werden für einen kaum abschätzbaren Druck auf die Grenzen der Wohlstandsinseln Westeuropa und Nordamerika sorgen.» (Welzer 2008)

Als 2014 der 5. Bericht des IPCC veröffentlicht wird, steht der Zusammenhang Klima – Migration – Sicherheit nach wie vor auf der Tagesordnung. Symptomatisch: Die Synthesen des IPCC zur Migration sind in einem neuen Kapitel (12) mit dem Titel «Menschliche Sicherheit» zusammengefasst.[3] Immer wieder werden alarmierende Berichte veröffentlicht, die Migrationen als erhebliches Risiko im Zusammenhang mit dem Klimawandel nennen, aber zahlreiche Fachleute – einschliesslich des IPCC – äussern sich nuancierter zum Risiko katastrophaler internationaler Migrationen.

Was weiss man heute? Welche Schlüsse soll man ziehen? Auf diese Fragen wird der vorliegende Artikel antworten. Es werden drei Umweltphänomene untersucht, die vom IPCC als wahrscheinlich bis sehr wahrscheinlich, mit potenziellen Auswirkungen auf die Migration, eingestuft werden: (1) verstärkte tropische Wirbelstürme, (2) schwerere Dürren und (3) Anstieg des Meeresspiegels. Behandelt wird die Frage des *direkten* Zusammenhangs dieser Entwicklungen mit Vertreibungen von Menschen, die durch Vernichtung von Ressourcen (Wasser, Nahrungsmittel usw.) und Kapital (Gebäude, Infrastruktur) ausgelöst worden sind. Die Frage des *indirekten* Zusammenhangs, der sich aus der Wirkung von Umweltzerstörung auf Konflikte ergibt, die wiederum zu Vertreibungen führen, wird nicht behandelt. Zwar wurden in neueren Arbeiten Zusammenhänge zwischen Umwelt und Gewalt hervorgehoben, doch ist man sich einig, dass diese komplex und gegenüber Faktoren der politischen und wirtschaftlichen Rahmenbedingungen sekundär sind. Jegliche allgemeine Extrapolierung in Bezug auf Migrationen bleibt daher gewagt.

1. Tropische Wirbelstürme

Tropische Wirbelstürme treten abrupt auf und lösen Bevölkerungsverschiebungen aus, deren Umfang beträchtlich schwankt, je nachdem, wie dicht besiedelt die betroffenen Zonen sind. Wenige Dutzend Kilometer können darüber entscheiden, ob eine Grossstadt verschont wird oder nicht, was jegliche Prognose schwierig macht. Gemäss mehreren detaillierten Studien lösen Wirbelstürme meist kurzfristige Binnenmigrationen aus und nicht Migrationen über weite Distanzen oder von langer Dauer. Die betroffene Bevölkerung hat häufig nicht die Mittel, um weit wegzuziehen, und viele Menschen kehren zurück, um ihr Zuhause in der verheerten Zone wieder aufzubauen. Paradoxerweise können Extremereignisse von kurzer Dauer sogar Migranten anziehen: Im Falle des Tsunamis von 2004 im Indischen Ozean zogen Verwandte in die Region, um ihre Familie zu unterstützen, und Wiederaufbauprojekte zogen Wanderarbeiter aus anderen Regionen an.

Dennoch zeigen umfassende Untersuchungen, dass eine Zone mit wiederholten Katastrophen im Allgemeinen erhöhte Auswanderungsquoten verzeichnet. Zum Beispiel geht aus mehreren Studien, die in Mexiko und in Subsahara-Afrika durchgeführt wurden, hervor, dass eine grosse Häufigkeit von Überschwemmungen, Stürmen oder Orkanen die Einwohner zum Wegzug aus ihrer Stadt oder ihrem Land veranlasst. Auch wenn tropische Wirbelstürme, Überschwemmungen und häufige sintflutartige Regenfälle erwiesenermassen Migrationen von langer Dauer und über grosse Distanzen auslösen können, handelt es sich dennoch um ein beschränktes Phänomen. Wie mehrere Experten unterstrichen haben, kann sich der Grad der Verletzlichkeit von einer Region zur anderen extrem stark unterscheiden. Die betroffene Gesellschaft muss für ihr Überleben weitgehend von der Umwelt abhängig sein, und soziale Faktoren müssen die Folgen einer Katastrophe verstärken, damit eine bedeutende Abwanderung ausgelöst wird.

2. Dürren

Im letzten Bericht des IPCC herrscht Einigkeit darüber, dass in einigen Weltregionen der Klimawandel mit einer Zunahme von Dürren verbunden sein wird, während andere Regionen verschont bleiben werden. Verglichen mit Wirbelstürmen wirkt sich der Mangel an Wasser für den menschlichen Verbrauch und die Bewässerung weniger abrupt aus und führt zu eher schleichenden Formen der Mobilität. Die empirischen Daten hierzu sind widersprüchlich. Einerseits sind zahlreiche Fälle von grossen Völkerwanderungen dokumentiert, die den Dürren in Afrika (Sahel, Äthiopien), in Südamerika (Argentinien, Brasilien), im Nahen Osten (Syrien, Iran) sowie in Zentral- und Südasien zugeschrieben werden. Dennoch bestreiten zahlreiche Forscher einen mechanischen Zusammenhang zwischen Dürre und Migration und bestehen darauf, dass eine Vielzahl von Ursachen für die Migration und die anderen Überlebensstrategien massgebend ist, die den betroffenen Menschen zur Verfügung stehen. «Eine Dürre löst zwar offenbar eine Zunahme der Anzahl Menschen aus, die kurzfristig von einer ländlichen Region in eine andere umsiedeln. Hingegen hat sie keinen Einfluss auf grenzüberschreitende Wanderungen über grosse Distanzen oder führt sogar zu einer Abnahme derselben» (Kniveton et al. 2008: 34). Lokale Fallstudien, unter anderem im Rahmen der grossen europäischen Forschungsprojekte,[4] bestätigen, dass Wassermangel und Wüstenbildung einen Einfluss auf Migrationsströme haben, aber im Wesentlichen über kurze Distanzen, und dass die Wirkung durch zahlreiche andere Variable verändert wird.

Daraus lässt sich schliessen, dass zwar wohl ein Zusammenhang zwischen Niederschlagsdefizit und Migration besteht, dass dieser aber weitgehend von den Rahmenbedingungen abhängt. Es wäre somit gefährlich, über eine unvermeidliche Zunahme der internationalen Migration infolge von Dürren zu spekulieren.

3. Der Anstieg des Meeresspiegels

Der Zusammenhang zwischen einem Anstieg des Meeresspiegels und einer endgültigen Abwanderung scheint sehr viel direkter als bei den Wirbelstürmen und den Dürren. Der Anstieg des Meeresspiegels ist nämlich praktisch unumkehrbar und tritt mehr oder weniger linear über einen langen Zeitraum ein. Fehlen Schutzbauten (Deiche, Polder), wird eine endgültige Abwanderung unvermeidlich, wobei diese jedoch schrittweise und geplant erfolgen kann. Der Anstieg des Meeresspiegels steht auch im Zentrum der spektakulärsten und am stärksten mediatisierten Manifestationen des Klimawandels, wie des möglichen Untergangs von Inselstaaten.

Verglichen mit anderen Klimaereignissen ist der Anstieg des Meeresspiegels eine Erscheinung, für die es kaum historische Analogien gibt. Die Folgen hingegen sind vorhersehbar und können einigermassen verlässlich lokalisiert werden, denn die Formation, die Höhe und die Besiedlung der Küsten sind in den geografischen Informationssystemen (GIS) enthalten, und diese ermöglichen Simulationen und Projektionen. Es ist daher möglich, weltweit die Anzahl Menschen zu berechnen, die in tief gelegenen Küstenzonen leben und von einem Anstieg des Wasserspiegels, Springfluten, hohem Wellengang, Versalzung oder Küstenerosion bedroht sind.

Als «tief gelegene Küstengebiete» werden in der Regel jene definiert, die auf weniger als 10 Meter über Meer liegen. Auch wenn diese Gebiete nur 2,2 Prozent der Landmasse des Planeten ausmachen, werden sie doch von 10,5 Prozent der Weltbevölkerung, das heisst rund 602 Millionen Menschen, bewohnt; davon leben 438 Millionen in Asien und 246 Millionen in den ärmsten Ländern der Welt (Abb. 1).

Diese Zahlen mögen besorgniserregend sein, doch wäre es verfrüht, den Schluss zu ziehen, dass alle in naher Zukunft ihre Behausungen verlassen müssen, und erst recht, dass die Umsiedlungen über grosse Distanzen erfolgen werden. Im letzten Bericht des IPCC ist von einem massiven Anstieg des Meeresspiegels (um durchschnittlich 7 m) die Rede, falls die Grönland-Gletscherdecke schmilzt, aber dieses Szenario dürfte erst in

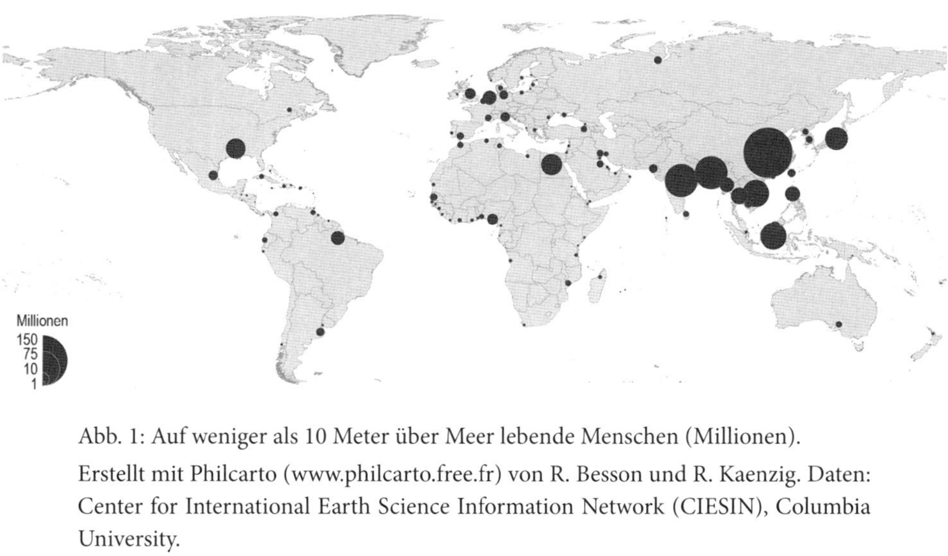

Abb. 1: Auf weniger als 10 Meter über Meer lebende Menschen (Millionen).

Erstellt mit Philcarto (www.philcarto.free.fr) von R. Besson und R. Kaenzig. Daten: Center for International Earth Science Information Network (CIESIN), Columbia University.

einigen Jahrhunderten eintreten. Ein Anstieg des Meeresspiegels um 0,3 bis 0,8 Meter wird hingegen bereits für Ende des 21. Jahrhunderts angenommen. Man kann somit durchaus davon ausgehen, dass die Menschen, die auf weniger als 1 Meter über Meer leben (rund 150 Millionen), direkt gefährdet sind. Drei Viertel dieser Menschen leben in den Deltas und Mündungsgebieten der grossen Ströme Asiens (Indus, Ganges und Brahmaputra, Mekong, Jangtse, Perlenfluss usw.). Auf kurze Sicht sind einige – allerdings deutlich weniger dicht besiedelte – Inseln am stärksten bedroht, denn sie liegen nur einige Zentimeter über dem Meeresspiegel. Wenn diese Inseln unabhängige Staaten sind, könnte ihr Untergang zu neuen Formen der Staatenlosigkeit führen. Gemäss unseren Arbeiten besteht dieses Risiko, sollte aber nicht überschätzt werden (Fornalé, Guélat und Piguet 2015): Von den 39 Mitgliedstaaten der Allianz der kleinen Inselstaaten (AOSIS) haben nur 3 eine Maximalhöhe von weniger als 10 Metern: die Malediven (300 000 Einwohner / Maximalhöhe 2 m), Tuvalu (10 000 Einw. / 5 m) und die Marshall-Inseln (63 000 Einw. / 6 m). Die Bahamas (346 000 Einw. / 63 m), Nauru (10 000 Einw. / 65 m) und Kiribati (100 000 Einw. / 81 m) wiederum haben Maximalhöhen von weniger als 100 Metern. Im Falle der Bahamas machen die allgemeine Geländeform, aber auch die Mittel, über die das Land für Schutzmassnahmen verfügt, einen Untergang des Staates sehr unwahrscheinlich. Nauru und Kiribati könnten teilweise unbewohnbar werden, denn Nauru besteht aus einem unfruchtbaren zentralen Sockel, der von einem schmalen Küstenstreifen umgeben ist, und der höchste Punkt von Kiribati befindet sich auf einer verlassenen Insel, während die durchschnittliche Höhe der übrigen Atolle 3 bis 4 Meter beträgt. Auf dieser Basis lässt sich die Zahl der vom Untergang bedrohten Staaten auf fünf (Malediven, Tuvalu, Marshall-Inseln, Nauru und Kiribati), die Zahl der potenziell staatenlosen Menschen auf 500 000 schätzen.

Migration als Lösung

Umweltschäden tragen unbestreitbar dazu bei, Migrationsströme auszulösen, und die Klimaerwärmung wird in der Zukunft zu bedeutenden erzwungenen Umsiedlungen führen. Die in der Einleitung zitierten alarmistischen Aussagen, gemäss welchen die reichen Länder von Klimaflüchtlingen überrannt werden könnten, sind jedoch stark zu nuancieren.

Die Bevölkerungsverschiebungen aus Umweltgründen dürften mehrheitlich innerhalb der Staatsgebiete bleiben, über kurze Distanzen gehen und häufig umkehrbar sein, sobald die Gefahr vorüber ist. Das Ansteigen des Meeresspiegels könnte auf lange Sicht dauerhafte und massive Migrationsfolgen haben, aber Schutzmassnahmen können den Wegzugsdruck verringern. Mehrere neuere Forschungen haben im Übrigen gezeigt, dass Mobilität nicht nur negativ als letzter Ausweg für die unter Umweltschäden leidenden Menschen gesehen werden darf, sondern auch eine wirksame Antwort sein kann, die es – zum Beispiel durch Mittelüberweisungen an den Herkunftsort – ermöglicht, besser mit Klimaturbulenzen fertig zu werden. Die Migration ist somit nicht ein Übel, gegen das man sich wappnen muss, sondern könnte Teil der Problemlösung sein.

Diese Feststellungen ändern nichts am beunruhigenden Charakter der laufenden Klimaerwärmung. Sie widerlegen jedoch die Vorstellung, dass plötzliche und massive internationale Migrationsströme über Europa hereinbrechen und zusätzliche Grenzschutzmassnahmen erforderlich machen könnten. Das populäre Bild vom «Klimaflüchtling», mit seinen Konnotationen von Dringlichkeit und Schicksalhaftigkeit, ist somit mit Vorsicht aufzunehmen. Es kann die Sensibilisierung der Medien und der breiten Öffentlichkeit für die Herausforderungen fördern, indem dem Klimawandel «ein menschliches Antlitz» gegeben wird, aber es birgt auch die Gefahr, fremdenfeindliche Reflexe zu schüren, indem die Völkerwanderungen zu Unrecht als Bedrohung bezeichnet werden.

Essay übersetzt aus dem Französischen.

1 Aktualisierte und überarbeitete Fassung eines Artikels, der auf Französisch publiziert wurde (Etienne Piguet, «Les migrations climatiques, un risque de sécurité pour l'Europe?», in: *LIREC – Lettre d'Information sur les Risques et les Crises,* Institut National des Hautes Etudes de la Sécurité et de la Justice, INHESJ, 48, 2015, S. 11–14).

2 https://www.cna.org/mab/ (Zugriff 16. 12. 2016).

2 http://ipcc-wg2.gov/AR5/report/full-report/ (Zugriff 16. 12. 2016).

4 http://wheretherainfalls.org (Zugriff 16. 12. 2016).

Bibliografie

Fornalé, Elisa, Jeremie Guélat und Etienne Piguet (2015), «Framing Labour Mobility Options in Small Island States Affected by Environmental Changes». In: Robert McLeman, Jeanette Schade und Thomas Faist (Hg.), *Environmental Migration and Social Inequality,* Cham: Springer (Advances in Global Change Research; vol. 61), S. 167–187.

Kniveton, Dominic, Kerstin Schmidt-Verkerk, Christopher Smith und Richard Black (2008), *Climate change and migration: Improving methodologies to estimate flows.* Geneva: IOM (International Organization for Migration).

Piguet, Etienne (2013), «From ‹primitive migration› to ‹climate refugees› – The curious fate of the natural environment in migration studies». In: *Annals of the Association of American Geographers,* 103(1), S. 148–162.

Stern, Nicholas (2007), *The Economics of Climate Change.* Cambridge: Cambridge University Press.

Welzer, Harald (2008), *Klimakriege. Wofür im 21. Jahrhundert getötet wird.* Frankfurt am Main: Fischer.

Flucht in Zeiten von Klimawandel und Katastrophen

Walter Kälin

Jede Sekunde flieht irgendwo auf der Welt ein Mensch vor Stürmen, Überschwemmungen, Erdbeben und Vulkanausbrüchen oder anderen plötzlichen Naturgewalten: Zwischen 2008 und 2015 verloren 203,4 Millionen Personen, das heisst im Durchschnitt mehr als 25 Millionen Menschen pro Jahr, auf diese Weise ihr Heim und oft ihre Lebensgrundlage. 2015 betrug ihre Zahl mehr als das Doppelte der Menschen, die in Kriegsgebieten fliehen mussten. Wie viele Personen sich entscheiden, wegen Dürren, ansteigender Meeresspiegel und anderer schleichender Umweltveränderungen als Migrantinnen und Migranten wegzuziehen, ist unbekannt.[1]

Auch wenn die ganz grosse Mehrheit im eigenen Land Zuflucht findet und viele nach einigen Wochen oder Monaten zurückkehren und mit dem Wiederaufbau beginnen können, sind dies riesige Zahlen. Die Zukunft verheisst keine Besserung: Das Internationale Panel für Klimawandel, das die weltweiten Forschungsergebnisse zur globalen Erwärmung und ihren Konsequenzen analysiert, ist sich weitgehend sicher, dass künftig die Zahl der «Klimaflüchtlinge» zunehmen wird.

Klimaflüchtlinge gibt es nicht …

Und doch: Klimaflüchtlinge gibt es nicht! Zumindest nicht im geltenden Recht. Artikel 1A der UNO-Flüchtlingskonvention, regionale Vertragswerke und die schweizerische Gesetzgebung definieren als Flüchtlinge oder sonst schutzbedürftige Menschen Personen, die im Ausland Zuflucht vor Verfolgung, Menschenrechtsverletzungen oder Krieg suchen, das heisst in ihrer Heimat Gewaltakten der Regierung oder nichtstaatlicher bewaffneter Gruppen ausgesetzt sind. Deshalb musste Ioane Teitiota, den die Medien weltweit als «ersten Klimaflüchtling» bezeichneten, sich 2015 von neuseeländischen Gerichten entgegenhalten lassen, zwar seien die Lebensbedingungen in seiner Heimat, dem vom Anstieg des Meeresspiegels bedrohten pazifischen Inselstaat Kiribati, als Folge des Klimawandels schwierig geworden, weil sein Leben nicht unmittelbar bedroht sei und seine Regierung sich bemühe, die Auswirkungen des Klimawandels zu lindern, habe er aber nicht Anspruch auf Asyl. Menschenrechte wie das Recht auf Leben und das Verbot unmenschlicher Behandlung verbieten zwar die Rückschiebung von Menschen in Länder, falls und solange sie dort einer *unmittelbaren* Gefahr für Leib und Leben ausgesetzt sind, dieses Rückschiebungsverbot kann aber im Klimakontext nur selten Anwendung finden, weil die Folgen des Klimawandels meist schleichend und die damit verbundenen Gefahren diffus sind.

Auch wenn das geltende Völkerrecht den Begriff «Klimaflüchtling» nicht kennt und solche Menschen weitgehend schutzlos lässt, wenn sie ausserhalb ihres Herkunftsstaats Zuflucht suchen, lässt sich die Realität nicht wegdefinieren, dass Naturgewalten und negative Auswirkungen der globalen Erwärmung weltweit eine wichtige Ursache für Flucht und Migration sind. 2011/12 zum Beispiel suchten rund 290 000 Menschen Zuflucht in Kenia, Äthiopien und Dschibuti, um der Hungersnot in Somalia zu entfliehen, die zusammen mit der Gewalt des Bürgerkriegs ihr Leben bedrohte. Tief liegende Inselstaaten im Pazifik dürften als Folge steigender Meeresspiegel und der damit verbundenen Zunahme von Sturmfluten wegen Versalzung von Böden und Grundwasser, lange bevor sie verschwinden, unbewohnbar werden. Die Frage ist deshalb berechtigt: Verdienen solche Menschen Schutz, und wie kann dieser erreicht werden?

… Katastrophenvertriebene aber sehr wohl

Verschiedentlich ist vorgeschlagen worden, die UNO-Flüchtlingskonvention von 1951 mit einem Protokoll zu Klimaflüchtlingen zu ergänzen. Diese sollten Anspruch auf internationalen Schutz vor allem in jenen Ländern haben, die mit ihren Emissionen den Klimawandel verursacht haben. Abgesehen davon, dass ein solches Vorhaben komplexe Fragen der völkerrechtlichen Staatenverantwortlichkeit aufwirft und politisch kaum realisierbar ist, stellt sich die Frage, ob betroffenen Menschen mit einem «Klimaflüchtlingsstatus» wirklich geholfen würde. «Klima-Asylsuchende» müssten nämlich nachweisen, dass der Klimawandel sie zur Flucht zwang, dürften dazu aber aus zwei Gründen meist nicht in der Lage sein:

Nach geltendem Recht wird Asylsuchenden Schutz gewährt, wenn sie zeigen können, dass erlittene oder unmittelbar bevorstehende politische, religiöse oder ethnische Verfolgung oder die konkreten Gefahren bewaffneter Konflikte *kausal* für die Flucht sind. Sogar wenn der Klimawandel als Asylgrund anerkannt würde, könnten Menschen, die im Kontext von Naturereignissen fliehen, kaum je belegen, dass die globale Erwärmung sie zur Flucht gezwungen hat: Der Nachweis, dass die Folgen der Emission von Treibhausgasen kausal für ein konkretes Naturereignis ist, das heisst, ein bestimmter tropischer Sturm oder eine Dürre ohne Klimawandel nicht eingetreten wären, ist nach dem heutigen Stand der wissenschaftlichen Erkenntnis extrem schwierig.

Dieser Nachweis ist auch schwierig, weil Flucht und Vertreibung im Kontext von Naturgewalten und Klimawandel in der Regel multikausal sind. Faktoren wie Bevölkerungsdichte und -struktur am Ort des Ereignisses, die Resilienz oder Vulnerabilität der betroffenen Bevölkerung, die Existenz oder das Fehlen von Massnahmen der Katastrophenrisikominderung sowie die Durchsetzung von Baustandards und andere Elemente der Regierungsführung sind entscheidend dafür, wie sich ein Naturereignis auswirkt. Diese Faktoren erklären massgeblich, warum das Erdbeben vom 10. Januar 2010 in Haiti mindestens 130 000 und nach gewissen Schätzungen mehr als 300 000 Menschen tötete und jenes in Chile einige Wochen später «nur» knapp 600 Personen, obwohl es mit einer Stärke von 8,8 exponentiell stärker als jenes in Port-au-Prince (Stärke 7) war, oder warum Erdbeben gleicher Stärke in Italien regelmässig grössere Schäden als in Japan verursachen. Mit anderen Worten: Der Begriff «Naturkatastrophe» verschleiert, dass oft erst menschliche Faktoren den Ausschlag dafür geben, dass ein Naturereignis zur Katastrophe wird. Dies anerkennt die UNO. Sie definiert Katastrophe als ein schädigendes Ereignis mit hohen menschlichen, materiellen, ökonomischen oder ökologischen Verlusten, das «die Fähigkeit der betroffenen Gemeinschaft oder Gesellschaft übersteigt, sie aus eigener Kraft zu bewältigen».

Auf unser Thema angewandt bedeutet dies, dass nicht der Klimawandel und andere Naturereignisse allein, sondern zusammen mit ihren gesellschaftlichen Folgen dazu führen, dass Menschen fliehen müssen. So zwang Hurrikan Katrina 2005 rund 400 000 Menschen zur Evakuation aus New Orleans, weil Teile der Stadt unter dem Meeresspiegel liegen und die nicht sachgerecht unterhaltenen Schutzdämme brachen. Die Dürre in Somalia 2011 machte die Aufnahme von fast 300 000 Menschen in den Nachbarstaaten nötig, weil die notwendige Nahrungsmittelhilfe Hungernde wegen Gewalt und Instabilität nicht in ihrer Heimat erreichen konnte. Überschwemmungen sind oft tödlich, weil Menschen unter dem Druck des Bevölkerungswachstums oder aus Armut in Risikogebieten siedeln. Der Anstieg des Meeresspiegels bedroht tief liegende Küstengebiete dort, wo anders als in den Niederlanden oder Norddeutschland die Mittel zum Bau und Unterhalt von Dämmen fehlen. Die Malediven befestigen, erhöhen und erweitern ihre Atolle; Kiribati und Tuvalu fehlen dafür die nötigen Gelder.

Mit anderen Worten und zugespitzt gesagt: Nicht die Natur oder das Klima zwingen Menschen zur Flucht, sondern das Unvermögen, ihren Effekten zu widerstehen. Der Begriff Katastrophenvertriebene bringt das besser auf den Punkt als jener des «Klimaflüchtlings». Er hat auch den Vorteil, alle Arten von Katastrophen und damit beispielsweise auch Erdbebenopfer zu erfassen.

Vertreibungsrisiken lassen sich reduzieren

Was lässt sich für den Schutz von Katastrophenvertriebenen tun? Zuerst sollte man alles tun, um zu verhindern, dass Menschen fliehen müssen.

Zu katastrophenbedingter Flucht und Vertreibung kommt es, wenn Menschen einer Naturgewalt ausgesetzt sind und sie zu schwach sind, ihr zu widerstehen. Das Risiko, fliehen zu müssen, bestimmt sich somit nach der Formel: Naturgewalt × Exposition × Verletzlichkeit. Ein solches Verständnis eröffnet die Möglichkeit für Interventionen auf verschiedenen Ebenen:

(1) *Naturgewalt:* Während sich Erdbeben und andere geophysikalische Grossereignisse nicht beeinflussen lassen, hilft nach dem heutigen Stand der Erkenntnis die Reduktion der Emission von Treibhausgasen, das Ansteigen der globalen Erwärmung und ihre Effekte abzuschwächen. Die konsequente Umsetzung des Pariser Klimaübereinkommens von 2015 ist somit ein wichtiger Beitrag zur Minderung von Fluchtrisiken.

(2) *Exposition:* Menschen können sich der Gefahr, Naturgewalten ausgesetzt zu werden, entziehen, wenn sie rechtzeitig *umgesiedelt* werden. Länder wie Fidschi oder Vietnam im Mekong-Delta haben bereits begonnen, Dörfer weg von erodierenden Küsten und Überschwemmungsgebieten an sicherere Standorte im eigenen Land zu verlegen. Kiribati hat auf Fidschi Land gekauft, das künftig einige seiner Staatsangehörigen aufnehmen könnte. Allerdings sind Kollektivumsiedlungen in andere Länder

quantitativ enge Grenzen gesetzt, und sie werden die Ausnahme bleiben. Realistischer ist es, Menschen zu erlauben, individuell und in kleinen Gruppen rechtzeitig und selbstbestimmt auswandern zu können, das heisst, legale *Migration als Instrument der Anpassung an den Klimawandel* zu erleichtern. Menschen im Pazifik betonen, dass sie nicht Flüchtlinge und damit von humanitärer Hilfe abhängige Personen werden wollen. Um dies zu vermeiden, hat die Regierung von Kiribati unter dem Titel «Migration in Würde» ein Programm entwickelt, das auf Ausbildung und den Dialog mit möglichen Aufnahmestaaten setzt. Auch wenn grosse Teile seiner Bevölkerung früher oder später die Inseln verlassen müssten, sei es besser, die Menschen auf die Auswanderung vorzubereiten und ihnen den Entscheid zu überlassen, wann und wohin sie gehen wollen. Massnahmen wie Einwanderungsquoten für Angehörige besonders betroffener Staaten oder bilaterale und regionale Migrationsübereinkommen würden den betroffenen Menschen die Option eröffnen, migrieren zu können, bevor sie zur Flucht gezwungen werden. Reguläre Migration zu erleichtern, um den Betroffenen zu erlauben, sich graduell an die Auswirkungen des Klimawandels über längere Zeiträume hinweg anzupassen, ist im Kontext schleichender Umweltveränderungen die bessere und rechtlich leichter zu realisierende Lösung als die Schaffung eines Klimaflüchtlingsstatus.

(3) *Vulnerabilität:* Sie kann vor allem mit Mitteln der Katastrophenrisikoverminderung und Massnahmen der Anpassung an den Klimawandel reduziert werden. Beides will Menschen und ihre Lebensgrundlagen bzw. Infrastruktur gegenüber plötzlichen Naturereignissen und schleichender Umweltveränderung widerstandsfähiger machen. Höhere Dämme können vor Überschwemmungen schützen, dürreresistentere Pflanzen tragen zur Nahrungsmittelsicherheit auch in Zeiten des Klimawandels bei, und Stadtplanung und Bauordnungen, welche die Risiken von Naturgewalten mit berücksichtigen, vermindern Schäden wesentlich. Das neue Rahmenwerk für Katastrophenvorsorge 2015–2030, das von der UNO im März 2015 in Sendai verabschiedet wurde, ruft zu grenzüberschreitender Zusammenarbeit in Gebieten mit gemeinsamen Ökosystemen wie Flusstälern oder Küstenlinien auf. Vertreibungsrisiken sollen gemeinsam angegangen werden. Die Staaten sind aufgefordert, Programme zum Thema katastropheninduzierte Bevölkerungsbewegungen zu entwickeln und Massnahmen zu ergreifen, um betroffene Menschen und die Gemeinschaften, die sie aufnehmen, widerstandsfähiger zu machen.

Vertriebenen kann geholfen werden

All diese Vorsorgemassnahmen werden nicht verhindern können, dass Menschen im Kontext von Katastrophen und negativen Auswirkungen des Klimawandels fliehen müssen. Soweit sie Zuflucht im eigenen Land suchen, besteht mit den UNO-Leitlinien zur Binnenvertreibung von 1998 und in Afrika mit der rechtlich bindenden Kampala-Konvention über Binnenvertriebene von 2009 bereits ein normativer Rahmen für den Schutz von landesintern Vertriebenen, wobei diese Instrumente Katastrophenvertriebene explizit erfassen. Erfahrungsgemäss funktionieren Schutz und humanitäre Nothilfe in den Monaten nach einem Naturereignis den Umständen entsprechend gut. Wer nicht nach relativ kurzer Zeit zurückkehren kann, riskiert allerdings, für Jahre marginalisiert in Notunterkünften zu leben oder ohne Hoffnung auf Besserung in einem Slum zu enden, da für die Phase des Wiederaufbaus oft weder finanzielle Mittel noch der notwendige politische Wille vorhanden sind.

Lücken im Rechtsschutz existieren, wenn Katastrophenvertriebene ins Ausland fliehen. Wie erwähnt, können sie in der Regel nicht als Flüchtlinge anerkannt werden. Auch die Menschenrechte geben ihnen keinen Anspruch auf Aufnahme und schützen nur in Extremfällen vor Rückschiebung in den Heimatstaat.

Dies bedeutet allerdings nicht, dass solche Menschen notwendigerweise schutzlos bleiben müssen. In den vergangenen Jahren haben mehr als 50 Staaten Katstrophenvertriebenen zumindest vorübergehend Schutz gewährt. Das kann formlos geschehen, wie im Grenzgebiet von Mosambik und Malawi, wo bei Überschwemmungen gefährdete Menschen regelmässig auf der anderen Seite der Grenze Zuflucht finden. Wo zwischen Staaten freier Personenverkehr herrscht, können Katastrophenvertriebene in Nachbarstaaten ohne Weiteres Arbeit suchen und sich so selbst helfen: Nach den Erdbeben in Christchurch, Neuseeland 2010 und Katmandu 2015 reisten auf dieser Grundlage Tausende von Überlebenden nach Australien bzw. Indien. In den Staaten der Westafrikanischen Wirtschaftsgemeinschaft (ECOWAS) finden dank des Freizügigkeitsregimes, das auch für Herden gilt, Nomaden aus Staaten wie Mali während Dürrezeiten in Nachbarstaaten Weidegründe und Bauern im informellen Sektor der Grossstädte Arbeit.

Normales Ausländerrecht wird von jenen Staaten zum Schutz von Katastrophenvertriebenen eingesetzt, die wie Kanada und Brasilien nach dem Erdbeben in Haiti vom 12. Januar 2010 Gesuche um Bewilligungen für Arbeit, Studium und Familiennachzug prioritär und grosszügig behandeln. Viele Staaten in Zentral- und Südamerika sowie einige skandinavische Länder kennen für Katastrophenvertriebene in ihrer Gesetzgebung Bestimmungen über ausserordentliche Massnahmen wie temporären Schutz und humanitäre Visa. Die USA haben im Laufe der Zeit unter dem Titel «temporärer Schutzstatus» auf die Ausschaffung von Hunderttausenden illegal anwesenden Staatsangehörigen aus Ländern mit besonders grossen Katastrophen verzichtet.

Diese reiche Praxis zeigt, dass Staaten durchaus bereit sind, Katastrophenvertriebenen wenigstens vorübergehenden Schutz zu gewähren. Sie wollen dabei allerdings nicht an Rechtspflichten gebunden sein, sondern ihren Ermessensspielraum behalten. Gesetzgebung und Praxis der Staaten sind zudem wenig harmonisiert. Ob Schutz gewährt wird, ist deshalb oft zufällig und lässt sich im Voraus nicht prognostizieren. Aus diesen Gründen haben die Länder Zentralamerikas begonnen, Gespräche über die gegenseitige Angleichung ihrer Praktiken zu führen. Das könnte auch für andere Regionen ein Modell sein.

Gefordert ist die Politik

Eine sachgerechte Antwort auf die Herausforderung von Vertreibung und Flucht im Kontext von Katastrophen und Klimawandel ist nicht die Schaffung einer Konvention für «Klimaflüchtlinge» als Instrument, das alle Probleme lösen soll. Vielmehr braucht es den differenzierten Einsatz der verschiedenen Instrumente, die hier präsentiert worden sind.

Dieser «Toolbox Approach» ist das Ergebnis eines dreijährigen, von einer Gruppe von Forscherinnen und Forschern unterstützten zwischenstaatlichen Prozesses, den die Schweiz und Norwegen mit der Nansen Initiative zu grenzüberschreitender Katastrophenvertreibung («Nansen Initiative on Disaster-Induced Cross-Border Displacement») 2012 lancierten, als klar wurde, dass die Staaten nicht bereit waren, diese politisch sensitive Materie im Rahmen der UNO zu behandeln. Eine Serie regionaler Konsultationen im Pazifik, in Ostafrika, Zentralamerika und weiteren vom Klimawandel besonders betroffenen Regionen Asiens und Lateinamerikas ermöglichte es, gewissermassen von unten her unter den beteiligten Staaten weitgehende Übereinstimmung beim Thema zu erreichen. Anders als noch 2012 ist das Thema heute auf der internationalen Ebene solide verankert. Der Initiative gelang es, verschiedene ihrer Anliegen in den Beschlüssen der Weltkonferenz zur Katastrophenvorsorge in Sendai und der Klimakonferenz vom Dezember 2015 unterzubringen. Die Pariser Konferenz brachte zwar keinen Durchbruch, aber zum ersten Mal erklärten sich die Staaten bereit, konkrete Vorschläge zum Thema erarbeiten zu lassen. Die Nansen Initiative fand ihren erfolgreichen Abschluss, als im Herbst 2015 knapp 110 Staaten in Genf eine «Agenda für den Schutz von grenzüberschreitenden Katastrophenvertriebenen im Kontext von Katastrophen und Klimawandel»[2] verabschiedeten.

Die Schutzagenda legt die konzeptionellen Grundlagen für ein differenziertes Verständnis des Phänomens der Klima- und Katastrophenflucht, identifiziert eine reiche Liste effektiver Praktiken sowohl zur Aufnahme von Katastrophenvertriebenen in Zufluchtsstaaten als auch zu Präventionsmassnahmen in den Herkunftsstaaten sowie zur Erleichterung von Migration als Anpassungsmassnahme und nennt drei Prioritätsbereiche für die nächsten Jahre: Neben der Notwendigkeit, mehr Daten und Analysen zu Katastrophenvertreibung und Migration als Anpassungsstrategie zu generieren, wird es wichtig sein, in Katastrophenrisikominderung und Anpassung an den Klimawandel in einer Weise zu investieren, die besonderes Augenmerk auf Gebiete mit hohem Vertreibungsrisiko legt, und Massnahmen zur Erleichterung von Migration als Anpassungsstrategie zu ergreifen. Schliesslich sind auf innerstaatlicher, bilateraler und regionaler Ebene Schritte zur Verankerung von Regeln über die Aufnahme und den Schutz von Katastrophenvertriebenen, die ausserhalb ihres Heimatstaats Zuflucht suchen, zu entwickeln und existierende Normen zu harmonisieren.

Damit ist die Politik gefordert. Um den notwendigen Willen der Staaten am Leben zu erhalten und zu stärken, ist Mitte 2016 in Genf als Nachfolgerin der Nansen Initiative eine intergouvernementale, vorderhand von Deutschland präsidierte Plattform für Katastrophenvertreibung[3] gegründet worden, deren Ziel die Umsetzung der Schutzagenda ist. Ihrer Steuergruppe gehören 17 Staaten, darunter die Schweiz, sowie die Europäische Union an. Der Plattform wird in den nächsten Jahren eine wichtige Rolle in der Entwicklung eines internationalen Regimes zum Schutz von Katastrophenvertriebenen zukommen.

1 Dieser Beitrag präsentiert Erkenntnisse, die im Rahmen der von Norwegen und der Schweiz initiierten Nansen Initiative zu grenzüberschreitender Katastrophenvertreibung 2012–2015 gewonnen wurden. Der Autor war für die Initiative als Gesandter der Präsidentschaft tätig.

2 https://nanseninitiative.org/wp-content/uploads/2015/02/protection-agenda-volume-1.pdf (Zugriff 15. 12. 2016).

3 http://disasterdisplacement.org (Zugriff 15. 12. 2016).

Szenarien zur Zukunft der Migration

Andreas Wimmer

Wie wird sich das weltweite Migrationsgeschehen in der Zukunft weiterentwickeln? Die Antwort hängt, trivialerweise, vom Zeitrahmen ab, innerhalb dessen wir sie suchen. In diesem Essay möchte ich Sie dazu einladen, in spekulativer und futurologischer Weise sich die Welt in 200 Jahren vorzustellen. Es macht wenig Sinn, gegenwärtige Trends, so etwa die Zunahme der Mobilität von Hochqualifizierten oder die Massenmigration aus Kriegsgebieten aus aller Welt nach Europa, einfach in die Zukunft zu projizieren in der Annahme, dass sich diese Trends erhalten oder verstärken werden. Vielmehr müssen wir versuchen, zunächst einmal zu verstehen, auf welchen grundlegenden Charakteristika der gegenwärtigen Weltordnung diese Trends beruhen, um dann in einem zweiten Schritt mögliche Szenarien zu diskutieren, wie diese Charakteristika sich verändern könnten und welche Konsequenzen dies für die künftigen Migrationsströme haben könnte.

Die Gegenwart

Die heutige Welt ist politisch in Nationalstaaten aufgeteilt. Vorbei ist die Zeit der Imperien, die noch zu Beginn des 19. Jahrhunderts mehr als die Hälfte der Erdoberfläche regierten, am Ende des Jahrhunderts und nach dem «Scramble for Africa» und der russischen Eroberung Zentralasiens sogar noch mehr. Imperium nach Imperium kollabierte im Laufe des 20. Jahrhunderts, angefangen mit dem osmanischen und habsburgischen und zuletzt dem sowjetischen. Nationalstaaten haben ein intrinsisch ambivalentes Verhältnis zu Migration. Zum einen beruhen Nationalstaaten auf der Idee der Kongruenz von Bevölkerung, Souverän und Nation. Das heisst, alle Bewohner eines Landes sollten idealerweise Stimmbürger sein und gleichzeitig Mitglieder der staatstragenden Nation. Aus dieser Kongruenz ziehen Nationalstaaten ja ihre Legitimität: Sie werden nicht mehr im Namen Gottes oder einer Dynastie regiert, sondern «im Namen des Volkes». Migration verletzt diese heilige Trinität der Kongruenz, indem sie

Nicht-Bürger («Ausländer») und Angehörige anderer Nationen («Fremde») in die Bevölkerung bringt. Das «Problem der Integration» taucht so auf: Was tun mit Ausländern und Fremden? Welche Rechte sollen ihnen zugestanden werden? Wie soll der Prozess der Eingliederung vor sich gehen, und wie viele Fremde können überhaupt aufgenommen werden, bevor «das Boot voll ist»?

Zum anderen generiert grenzüberschreitende Migration Steuerungsbedarf, da Nationalstaaten versuchen, den Zustrom von Ausländern in ihre Territorien, Arbeitsmärkte und Wohnquartiere zu steuern. Ein ganzes Arsenal von rechtlichen Instrumentarien, Steuerungsbürokratien usw. entstand (hauptsächlich nach dem Ersten Weltkrieg). Dazu gehören Einreisebestimmungen und Visa, Arbeitserlaubnisse für Ausländer, Quotensysteme, bilaterale Rekrutierungsabkommen und vor allem: Pässe. Die Erfindung des Passes im 19. Jahrhundert wurde erst folgenreich, als Nationalstaaten begannen, Migration zu steuern. Nun konnten Ausländer und Fremde auf legitime und effiziente Weise diskriminiert werden, indem Grenzbeamte den Zutritt zum Territorium all denjenigen verweigerten, die einen unerwünschten Pass in der Hand hielten. Heutzutage, wie Forschungen von Branko Milanovic von der Weltbank zeigen, sind Pässe – die ja in einer Art Lotterie unter der Weltbevölkerung verteilt werden, ohne grosses Verdienst der Gewinner – viel vorhersagekräftiger für das Einkommen eines Menschen als die Ausbildung oder die soziale Herkunft. Wer heute einen Pass der Demokratischen Republik Kongo hat, muss zu Hause bleiben, auch wenn das Geld für Reisen vorhanden ist. Wer einen Schweizer Pass hat, darf überallhin reisen – auch wenn er noch so arm ist.

Natürlich sind der Steuerungsmacht von Nationalstaaten Grenzen gesetzt. Während alle Staaten heute vor allem Gutausgebildete in ihre Arbeitsmärkte zu locken versuchen, wandern weltweit immer noch viel mehr Menschen über die Familiennachzugsschiene aus. Die Flüchtlingskrise von 2016 zeigt auch, dass die humanitäre Grundhaltung und das Gebot der Einhaltung von universalen Menschenrechten es rechtlich, politisch und moralisch schwierig machen, sich Masseneinwanderungsdruck zu widersetzen. Erinnern Sie sich noch an das Lamento von Migrationsbefürwortern über die «Festung Europa»? Nun, sie scheint inzwischen geschleift worden zu sein. Das ändert aber nichts am Prinzip: dass Nationalstaaten versuchen, Migrationsbewegungen zu ihrem eigenen ökonomischen Vorteil zu steuern, dass Nation und Staat über vererbbare

Bürgerrechte miteinander verschweisst sind, die Menschen mit einem anderen Pass grundsätzlich nur Rechte zweiter Klasse garantieren, und so weiter.

Erste Zukunftsvision: eine Hightech-Welt ohne Staaten

Was also würde geschehen, wenn sich diese Grundordnung, die Aufteilung der Welt in eine Serie von territorial begrenzten und strukturell xenophoben Nationalstaaten, verändern würde? Ist das überhaupt eine realistische Perspektive, mag man einwenden? In der Tat haben prominente Intellektuelle wie Fukuyama die These vertreten, mit dem Sieg des demokratischen Nationalstaatsmodells über das totalitäre sowjetische Imperium sei die Geschichte an ihr Ende gelangt. Nun, es liegt in der Natur von Geschichte, nie zu enden. Vor 200 Jahren hätten wohl viele sich mit dem Gedanken anfreunden können, dass das britische, osmanische oder Romanow'sche Imperium ihr Ende finden könnten. Aber eine Welt ohne kontinentale Imperien mit universalem Herrschaftsanspruch? Eine Welt ohne ein gemeinsames politisches Dach, zum Beispiel, über der muslimischen «umma»? Genau so ist es gekommen.

Es ist deshalb nicht falsch anzunehmen, dass die Welt in 200 Jahren politisch anders organisiert sein wird, besonders deshalb nicht, weil die Geschichte in der Moderne ja eher an Tempo gewonnen hat, als sich zu verlangsamen, und es gibt angesichts der rasanten technischen Entwicklungen keinen Grund anzunehmen (Untergangsszenarien einmal zur Seite getan), dass sich dies verändern wird. Daher also die Frage: Wie könnte die Welt in 200 Jahren politisch organisiert sein? Im Folgenden diskutiere ich zwei mögliche Szenarien. Andere (so etwa die Entstehung eines flächendeckenden Weltstaats) sind natürlich denkbar, wenn auch vielleicht weniger wahrscheinlich.

Die erste Möglichkeit wäre, dass der Territorialstaat, so wie er in der frühen Neuzeit entstand, nicht länger die dominante politische Organisationsform darstellen würde. Stellen Sie sich vor, dass der gegenwärtige Trend zur globalen Reorganisation aller möglichen Lebensbereiche auf der Basis des Internets sich weiter verstärkt. Es ist denkbar, dass Staatsfunktionen wie beispielsweise der Wohlfahrtsstaat dann deterritorialisiert und entstaatlicht wahrgenommen werden. Denken Sie an globale Pensionskassen, in die man sich unabhängig vom Staat einkaufen kann. Rechtssicherheit wird in einem solchen System über private Verträge und eine globale Schlichtungsstelle, die mit Mitgliederbeiträgen finanziert wird, organisiert. Sicherheit und Schutz vor arbiträrer Gewalt wird denjenigen, die es sich leisten können, durch private Organisationen garantiert, die ebenfalls unabhängig von Staaten lokal, regional oder global organisiert sind, also durch privat finanzierte und organisierte Polizeieinheiten. Da es keine Staaten mehr gibt (auch keine Stadtstaaten), gibt es auch keinen Krieg und keine Notwendigkeit, Armeen zu unterhalten. Konflikte sind deshalb lokal und mehr oder weniger gewalttätig, je nach der Machtbalance zwischen lokal finanzierten Milizen und je nach der Konfliktlösungsfähigkeit von lokalen Vermittlern (Gegenden ohne Staat sind nicht notwendigerweise hobbesianische Schlachtfelder, wie das heutige Somaliland und traditionelle tribale Gesellschaften zeigen). Arbeitsmärkte sind global und qua Internet organisiert, so wie heute etwa durch den Dienst «Amazon Mechanical Turk»: Auf Internetseiten wird Arbeit (etwa als Professor oder als Buchhalter) angeboten, über Internetplattformen wird die Arbeit abgeliefert und bezahlt. Apropos Bezahlung: Internetgeld wie das heutige Bitcoin hat traditionelle Währungen abgelöst, daher braucht es auch keine Zentralbanken usw. mehr. In einer solchen Welt verschwinden auch Sprach- und Verständigungsprobleme. Dank Minimikrofon und Minikopfhörer, die mit einem Übersetzungsserver verbunden sind, können Sie ruhig Schweizerdeutsch sprechen, während Ihr Gegenüber auf Mandarin antwortet.

Migration ist in dieser Welt offensichtlich kaum kontrolliert und nicht kontrollierbar, da es weder Pässe noch Grenzzäune noch Grenzpolizisten und Arbeitserlaubnisse gibt. Menschen leben in ihren Minighettos, mehr oder weniger von privaten Dienstleistungsunternehmen versorgt, hinter mehr oder weniger hohen Mauern und anderweitig über das Internet mit anderen quer über den Globus vernetzt. Was ausserhalb der Mauern der eigenen Minigemeinschaft – etwa von Schweizerdeutsch sprechenden älteren Menschen auf Mount Washington in Los Angeles – geschieht, ist kaum von Relevanz, da es ja kein Gefühl der nationalen Zugehörigkeit, der Schicksalsgemeinschaft und Solidaritätsverpflichtung zwischen Menschen gleicher nationaler Abstammung gibt. Gleichzeitig nimmt der Zwang zur Migration ab, da ein global integrierter, wenn auch stark segmentierter Arbeitsmarkt, über das Internet organisiert, Menschen in Indien die gleichen Einkommenschancen bietet wie Menschen in der Schweiz. Wenn es doch zu Migration kommt – da ja persönliche Dienstleistungen und Infrastrukturarbeiten räumlich verankert bleiben werden, also Babys gesittet und Kanalisationsröhren verlegt werden müssen –, so nimmt die Internet-vermittelte Sofortübersetzung – möglicherweise mitsamt einer kulturellen Komponente, die beispielsweise das amerikanische «Hi» in «Yoroshiku Onegaishimasu» («bitte seien Sie freundlich zu mir») auf Japanisch übersetzt – der Interaktion mit Fremden ihren Stachel. Das heisst nun gar nicht, dass Zuziehende (der Begriff Migration verlöre in einer Welt ohne Staaten natürlich seinen Sinn) immer von den Alteingesessenen willkommen geheissen würden, aber es wäre in jedem Fall unmöglich, solche Spannungen zu politisieren und zum Hauptthema der politischen Auseinandersetzung zu machen, wie das in den Hochwellen populistischer Mobilisierung in gegenwärtigen Nationalstaaten regelmässig der Fall ist.

Zweite Zukunftsvision: Megastaaten

Die zweite Zukunftsvision steht in gewissem Sinne zur ersten im Gegensatz. Staaten könnten im Zuge technologischer Revolutionen nicht verschwinden, sondern im Gegenteil erstarken. Schliesslich ist bislang die Grösse von Staaten auch technologisch begrenzt gewesen – moderne Staaten müssen die Bevölkerung erfassen, überwachen und kontrollieren, die Ökonomien verstehen und steuern, Steuern eintreiben, Verbrecher identifizieren und rechtlich aburteilen usw. Technologische Revolutionen erhöhen diese Überwachungs- und Penetrationskapazität von Staaten gewaltig, wie die Skandale um die amerikanische Spionagemaschinerie verdeutlichen. Es wäre also durchaus denkbar, dass Staatsapparate so an Macht gewinnen, dass sie ihre Territorien effektiv expandieren können und Bevölkerungsmassen von heute unvorstellbaren Dimensionen verwalten. Natürlich müssten solche Megastaaten eine neue Legitimationsquelle erschliessen, da der relativ kleinräumige Nationsgedanke hierfür nicht mehr taugt und da Massenassimilation von Hunderten von Millionen Menschen in eine kleinere Kernnation kaum realistisch ist (nur schon die Deutschschweizer wollen ja keine Deutschen werden). Es ist aber durchaus vorstellbar, dass grossräumige zivilisatorische Gemeinsamkeiten – durchaus im Sinne von Samuel Huntington – hierfür die Basis liefern könnten.

Stellen Sie sich also vor, dass Europa seine Geburtswehen bald hinter sich lassen kann und ein europäischer Superstaat (inklusive Russland) mit einheitlicher Steuerbürokratie, gemeinsamem Gesundheits- und Pensionssystem, einem integrierten Polizei- und Militärapparat entsteht. Dieser Superstaat würde mindestens eine Milliarde Menschen umfassen. Diesem stünde ein bevölkerungsmässig fast gleich grosser muslimischer Megastaat zur Seite, der vom heutigen Mauretanien bis Pakistan, von Kasachstan bis Sudan reichen würde. Amerika wäre dann, wie der Name nahelegt, ein einziger Staat (der sich gut auch Australien und Neuseeland einverleiben könnte), das sinozentrische Ostasien wäre endlich wieder in einem einzigen Staat vereint, und dasselbe gälte für das nichtmuslimische Afrika. Indien, Sri Lanka und Nepal würden einen bevölkerungsreichen, separaten südasiatischen Staat bilden, und dasselbe gälte vielleicht für das zivilisatorisch allerdings sehr heterogene Südostasien. Diese sechs oder sieben Superstaaten könnten durchaus konfliktreiche Beziehungen zueinander unterhalten, und es ist denkbar, dass sie alle ökonomisch autark wären, also die gegenwärtige weltwirtschaftliche Verflechtung durch starke Binnenökonomien abgelöst würde, da sie ja alle mindestens eine Milliarde Menschen umfassen würden. Kriege zwischen solchen Superstaaten, womöglich um globale Hegemonie oder um Grenzstreitereien in strategisch wichtigen Regionen, gehören vielleicht zu diesem Szenario.

Was Migrationsfragen anbelangt, wäre diese Welt gewissermassen wieder eine Welt von Imperien. Es wäre für einen Bauern aus Peru möglich, sich in Südkalifornien niederzulassen und dort Meerschweinchen zu züchten. Ein japanischer Ingenieur könnte im fernen Mongolien sein Glück versuchen, ohne jemanden um Erlaubnis bitten zu müssen. Megastaaten würden aber versuchen – und wären dank technologischer Entwicklungen hierzu auch viel mehr in der Lage als heute –, ihre Grenzen gegen ungewollte Migration zu schliessen. Der japanische Ingenieur wäre also wohl kaum in Süddeutschland anzutreffen. Lokal gesehen würde das imperiale Muster wohl ebenfalls wiederholt: Kleinräumige Segregation – also ein Quartier von Japanisch sprechenden Menschen in Ulan Bator, neben einem Quartier von Kantonesisch sprechenden Rentnern – würde wiederum mit Selbstverwaltung gepaart, nun vielleicht auch dank Internet in durchaus raumübergreifender Weise. Beispielsweise könnten Menschen schweizerischen Ursprungs im europäischen Superstaat, ob sie nun in Altdorf oder in der Oblast Amur in Ostsibirien leben, ihrer Neigung zur direktdemokratischen Selbstbestimmung in Lokalfragen nachgehen – eine Art ethnisch organisierte, deterritorialisierte Demokratie, wie sie sich Otto Bauer und andere Austromarxisten einmal ausgedacht hatten.

Welches dieser Szenarien ist wahrscheinlicher? Zu einer Antwort fehlt den Sozialwissenschaften, die ja nicht einmal den Fall der Berliner Mauer, den Arabischen Frühling oder die gegenwärtige Flüchtlingswelle vorauszusagen vermochten, die kognitive Kompetenz. Andere Szenarien sind durchaus möglich: ein Wiederaufblühen von Stadtstaaten, eine globale Reorganisation von Mitgliedschaftsrechten rund um private Konzerne usw. Das Ziel dieser sozialwissenschaftlichen Übung in Science-Fiction war es ja auch nicht, das realistischste Szenario der Welt im Jahre 2217 zu zeichnen, sondern die gegenwärtige Migrationsproblematik in einen mega-makro-historischen Zusammenhang zu stellen. Sich alternative Zukünfte vorzustellen heisst, in diesem durchaus philosophischen Sinne sich von der Tyrannei der Gegenwart zumindest einen Moment lang zu lösen und Denkfreiheit zu gewinnen – und damit auch Handlungsspielräume in den Ritzen der gegenwärtigen Sachzwänge zu verorten.

ANHANG

Die Stiftung BMU und ihre Tätigkeit

Walter J. Weber

Übersicht der Fördertätigkeit der BMU

Integrationsforschung und Institutionenbildung (1993–2001)

In den 1990er-Jahren standen in Europa Fragen der Aufnahme und Integration von Eingewanderten im Zentrum des öffentlichen Interesses. Dazu gehörten beispielsweise Themen wie die Definition des Integrationsbegriffs, interkulturelle Beziehungen, kulturelle Unterschiede und Multikulturalismus, Bürgerrechtsfragen, Migration und Gesundheit, Diskriminierung auf dem Arbeitsmarkt, die Problematik der Illegalität und allgemein der politische wie auch der juristische Umgang mit Arbeitsmigrierenden, Asylsuchenden und Flüchtlingen. Hingegen traten traditionelle Forschungsfragen nach den Ursachen, den Organisationsformen und Wirkungen der weltweiten Migration eher in den Hintergrund. In diesem Umfeld hat die BMU 1993 ihre Tätigkeit aufgenommen.

Der Stiftungsrat sah eine erste Dringlichkeit in der Institutionalisierung der nationalen Migrationsforschung in deutschsprachigen Staaten und in der Unterstützung individueller Forschungsprojekte, um einen Beitrag zur Lösung der Integrationsfrage zu leisten und eine interdisziplinäre Verknüpfung der verschiedenen sich mit Migration befassenden Forschungsrichtungen herzustellen.

Ein wichtiges Mittel, um die vorgegebenen Ziele zu erreichen, war die Mitgründung und Begleitung von drei Forschungsinstituten in der Schweiz, Deutschland und Österreich: das Schweizerische Forum für Migrations- und Bevölkerungsstudien (SFM, Neuchâtel),[1] das Europäische Forum für Migrationsstudien (efms, Bamberg)[2] und das Österreichische Forum für Migrationsstudien, das im Jahr 2004 in die Kommission für Migrations- und Integrationsforschung (KMI, Wien)[3] überging. Die Anschub- und Sockelfinanzierung der BMU stellte den ausschlaggebenden Impuls für die Einrichtung dieser Institute dar. Andererseits stand der Stiftungsrat mithilfe seiner Netzwerke und seinem Know-how den Instituten beratend zur Seite und stützte diese teilweise auch mit der Förderung von Forschungsprojekten.

Diese Institute haben zur Koordination der Forschung im Sektor Migration beigetragen und bieten den staatlichen Institutionen und der Öffentlichkeit spezialisierte Kompetenz- und Dokumentationszentren an, in denen die Grundlagen- und Auftragsforschung, die Weiterbildung von Forschenden sowie die Information zu diesem Thema gebündelt werden. Die von der BMU eingesetzten Mittel erhielten durch die Förderung der Institute einen Multiplikatoreffekt, welcher der Erforschung von Migrationsphänomenen zu einem festen Platz in einem sich rasch verändernden internationalen Umfeld verhalf. Die an den Instituten ausgebildeten jungen Forscherinnen und Forscher erweiterten nicht nur entscheidend das Wissen über Migration, sondern konnten durch ihre zahlreichen Projekteingaben bei internationalen, nationalen und privaten Institutionen neue Finanzierungsquellen öffnen. Die drei Institute gehören heute zu den führenden Migrationsforschungsinstitutionen im europäischen Raum und werden von den jeweiligen Regierungen als Ansprechpartner für migrationsrelevante Fragen seit Jahren geschätzt. Alle drei Institute sind dank der BMU heute finanziell unabhängig.

Neben der Bildung und Förderung von Institutionen unterstützte die BMU seit ihrer Gründung individuelle Forschungsprojekte. Dabei wurde Forschungsvorhaben der Vorrang gegeben, die aus bestimmten Gründen nicht von anderen Institutionen finanziert wurden, beispielsweise weil sie nicht dem Mainstream der Forschung entsprachen, besondere neue und interessante Fragestellungen aufwiesen oder interdisziplinäre bzw. grenzüberschreitende Projekte anstrebten. Ein weiteres wichtiges Kriterium war die Annäherung von Wissenschaft und Politik, welche für die Entwicklung von wissensbasierten Lösungsansätzen im Gebiet der Migration unerlässlich ist. Wie bei der Institutionenbildung stand in den 1990er-Jahren die Thematik der Integration von Immigrantinnen und Immigranten im Mittelpunkt der Projektförderung, zum Beispiel die Einstellung der lokalen Bevölkerung gegenüber Einwanderern, Kulturdifferenzen, Asylpolitik, «Assimilation» vs. «Integration» und Gemeinschaftsbewusstsein in der einheimischen Bevölkerung sowie die Einbürgerung von Ausländerinnen und Ausländern.

Internationale Migrationsforschung und Forschungsförderung in Durchgangsländern (2002–2010)

Gegen Ende der ersten zehn Jahre der Stiftungstätigkeit hatte die Integrationsforschung keineswegs an Aktualität eingebüsst, wurde jedoch mehrheitlich durch die Forschung in wissenschaftlichen Instituten und durch die Finanzierung staatlicher und anderer Institutionen abgedeckt. Die verbleibende Aufgabe der BMU in dieser Hinsicht war, die finanzielle Unabhängigkeit der Forschungsinstitute anzustreben. Aus dieser Entwicklung entstand für den Stiftungsrat die Möglichkeit, eine Neuausrichtung der BMU zu planen.

Zu diesem Zeitpunkt hatte sich die Situation der Migrationsforschung deutlich verändert: Die internationale Mobilität der hochqualifizierten Arbeitskräfte aus Entwicklungsländern und deren Bedeutung für Industriestaaten im Zuge der Globalisierung wurden nun intensiv diskutiert. Die Kontrolle nationaler Grenzen und Sicherheitsaspekte im Zusammenhang mit irregulärer Migration sowie Menschenhandel und -schmuggel wurden insbesondere nach den Anschlägen vom 11. September 2001 in New York unter einem neuen Blickwinkel betrachtet. Durch die Beschäftigung der Europäischen Union mit Fragen der Harmonisierung von Migrations- und Flüchtlingspolitik, der Aufnahme neuer Mitgliedstaaten und der Kontrolle der Aussengrenzen verstärkte sich das öffentliche Interesse an der Thematik zusätzlich. Schliesslich haben weltweite Diskussionen über die Steuerung und den rechtlichen Rahmen der Migration in diesen Jahren Eingang in die globale Politik gefunden, unter anderem durch die Berne Initiative, die Global Commission for Migration und schliesslich das Global Forum on Migration and Development als Resultat des 2006 von den Vereinten Nationen durchgeführten «High Level Dialogue on International Migration and Development».[4]

Angesichts dieser Entwicklungen beschloss die BMU, ihre Tätigkeit auf zwei Bereiche zu konzentrieren, die trotz des Aufschwungs und der Veränderungen in der Forschung wenig Beachtung fanden bzw. mit Schwierigkeiten bei der Finanzierung zu kämpfen hatten: die internationale, vergleichende Forschung zur Frage der Süd-Nord-Migration und die Forschungsförderung in Herkunfts- und Durchgangsländern. Beiden Forschungsthemen gemeinsam ist, dass sie eine nicht ausschliesslich auf die Aufnahmeländer fokussierte Perspektive beinhalten, die in der gängigen Migrationsforschung nicht adäquat vertreten war. So hoffte die BMU, dieser globalen Perspektive – sowie den Forschern aus den Herkunftsländern – in der Migrationsdebatte eine gewichtigere Stimme verleihen zu können und damit den internationalen Dialog über eine adäquate Steuerung von Migrationsprozessen zu befördern.

International vergleichende Forschung

Obwohl die internationale, vergleichende Forschung sehr fruchtbare Resultate erbringen kann, findet diese aufgrund der nationalstaatlichen Struktur der Forschungsfinanzierung wenig Beachtung. Daher wurde beschlossen, in Zusammenarbeit mit dem Verbund Metropolis International[5] Anschubfinanzierung für internationale, vergleichende Migrationsforschung anzubieten, um den Aufbau und die Vernetzung von Forschungsteams zu fördern, die Prüfung von Instrumenten für die ländervergleichenden Datenerhebungen zu ermöglichen und die Ausarbeitung eines methodisch konsistenten Pilotprojekts für die eigentliche Hauptstudie zu erarbeiten. Das Pilotprojekt sollte den Forscherteams dann erlauben, für die einzelnen Länderstudien Unterstützung bei nationalen Förderungsinstitutionen zu suchen.

An den Konferenzen von Metropolis International wurden zwischen 2002 und 2006 drei grossangelegte thematische Forschungsausschreibungen angekündigt. Der wissenschaftliche Beirat von Metropolis International wertete jeweils die zahlreich eingegangenen Gesuche aus und gab sie an die BMU zur Schlussentscheidung weiter. Insgesamt entstanden durch diese Zusammenarbeit sechs Pilotprojekte zu Themen wie die zweite Generation in Europa und Nordamerika, Migrationssysteme und -politik in Europa, ein Vergleich der Einwanderungskontrolle an den Grenzen von Mexiko/USA und Marokko/Spanien, zwischenstaatliche Zusammenarbeit im Migrationsbereich, die Anpassung des Islam in Westeuropa und Nordamerika sowie die wirtschaftliche Integration von hochqualifizierten Arbeitskräften in diversen Ländern.

Forschungsförderung in Herkunfts- und Durchgangsländern

Traditionelle Auswanderungsländer an der Grenze der Europäischen Union wurden zunehmend selber mit Einwanderung und sogenannter «Durchgangsmigration» konfrontiert. Gleichzeitig wurde aber das Thema Migration in diesen Ländern von der nationalen Politik kaum – oder höchstens im Zusammenhang mit Rückkehrmigration und den Geldüberweisungen der Ausgewanderten sowie deren Nutzen für die eigene Wirtschaft – wahrgenommen. Die Migrationsforschung war wenig ausgebildet und kaum vernetzt, wodurch sie keinen Einfluss auf politische Massnahmen nehmen konnte. Der Stiftungsrat beschloss daher, seine Erfahrung im Bereich der Institutionenbildung, der Vernetzung und der Forschungsförderung solchen Auswanderungs- und Transitländern zur Verfügung zu stellen, um ihnen damit die Erarbeitung eines Grundwissens zu Migration und die Formulierung von Lösungsvorschlägen für die Politik zu ermöglichen.

Nach längeren Auswertungen wurden die EU-Grenzstaaten Polen, Türkei und Marokko als Schwerpunktländer für den Aufbau nationaler Forschungsinstitute ausgewählt. Um die Nachhaltigkeit allfälliger Gründungen anzustreben, wurde eine lokale finanzielle Beteiligung als Grundvoraussetzung festgelegt. Erstes Resultat dieser Neuausrichtung war die Gründung des Forschungsinstituts Central European Forum for Migration Research in Polen (2002)[6] in Zusammenarbeit mit der polnischen Akademie der Wissenschaften[7] und der Internationalen Organisation für Migration (IOM).[8] Der Aufbau kam dank der ausgezeichneten Führung des Instituts, der Zusammenarbeit und der Beratung durch die BMU rasch voran. Die Akquisition von nationalen und vor allem internationalen Projekten war praktisch von Anfang an erfolgreich, und das Institut hat sich in kurzer Zeit einen wichtigen Namen in der europäischen Migrationsforschung machen können.

Allerdings wurde in Polen wie schon bei den deutschsprachigen Instituten bald deutlich, dass eine Ablösung der Basisfinanzierung durch die BMU schwer zu erreichen war. Aus dieser Einsicht wurde die Vorgehensstrategie für die Türkei modifiziert. Nach eingehenden Gesprächen mit türkischen Expertinnen und Experten beschloss der Stiftungsrat, anstelle der Gründung eines unabhängigen Instituts in der Türkei ein Forschungsprogramm – ähnlich den Schweizer Nationalfondsprogrammen – in Zusammenarbeit mit der Koç-Universität in Istanbul aufzubauen und jährlich thematische Ausschreibungen für türkische Forscherinnen und Forscher durchzuführen. Die Zielvorgabe war, mit geringeren finanziellen Mitteln mehr Forschungsresultate zu erbringen, die Themenvielfalt sicherzustellen, mehr Migrationsforschenden den Zugang zu Unterstützung zu ermöglichen und diese zugleich durch die Einhaltung internationaler Wissenschaftsstandards und den Gebrauch der englischen Sprache zu fördern. Ausserdem sollte die Projektüberwachung lokal durch einen Wissenschaftsrat mit einem Vertreter der BMU erfolgen.

Im Rahmen des *Migration Research Program at Koç University* (MiReKoc)[9] wurden sechs Projektausschreibungen durchgeführt, aus denen 44 Forschungsarbeiten resultierten. Ein Teil dieser Berichte wurde in Buchform herausgegeben.[10] Ausserdem wurden an jährlichen Workshops die Resultate der Projekte anderen Forscherinnen und Forschern wie auch der interessierten Öffentlichkeit weitergegeben. Die Ergebnisse dieser Partnerschaft der BMU mit der Koç-Universität haben gezeigt, dass die Migrationsforschung in der Türkei durch dieses Programm nicht nur nachhaltig gestärkt und vernetzt wurde, sondern auch, dass MiReKoc als Institution einen anerkannten Platz in der internationalen Forschung erlangen konnte.

Die erfolgreiche Durchführung des Forschungsprogramms in der Türkei während drei Jahren motivierte den Stiftungsrat zur Anwendung desselben Modells in Marokko. Die im Vergleich zur Türkei geringere Institutionalisierung der Forschung an Universitäten machte gewisse Anpassungen des Programms an die lokalen Bedingungen notwendig. Unter Beiziehung eines Experten für Nordafrika und ausführlichen Vorgesprächen mit lokalen Universitäten, Forscherinnen und Forschern wurde das Programm *Migration internationale au Maroc* (MIM-AMERM)[11] bei der Vereinigung Association Marocaine d'Etudes et de Recherches sur les Migrations (AMERM) an der Universität Mohammed V in Rabat angesiedelt. Zwischen 2007 und 2014 wurden von MIM-AMERM acht Ausschreibungen durchgeführt und 35 Projekte abgeschlossen. In Marokko wurden nicht nur Workshops zur Verbreitung erster Forschungsresultate angeboten, sondern auch Kurse zur Vorbereitung junger Gesuchsteller, um ihnen Forschungseingaben nach international anerkannten wissenschaftlichen Standards zu ermöglichen. Zusätzlich wurden 2010 und 2014 zwei internationale Konferenzen in Rabat durchgeführt. Die Forschungsberichte sind auf der Website des Forschungsprogramms frei zugänglich.

(Mit-)Unterstützung von praxisorientierten Projekten

Ein zusätzliches Anliegen der BMU war stets, nicht nur rein wissenschaftliche Projekte zu unterstützen, sondern auch solche, die das Thema Migration im öffentlichen Bereich bekannt machen. Durch die Unterstützung entsprechender Projekte konnten Vorhaben wie zum Beispiel praktische Integrationsprojekte, Dokumentarfilme, Medienprojekte, Theateraufführungen, Publikationen und Ausstellungen in grosser Zahl mitunterstützt werden.

Abb. 1: Länder, in denen die BMU Projekte unterstützte.
Erstellt mit Vorlage von Philcarto (http://philcarto.free.fr).

Der Stiftungsrat

Der ehrenamtlich amtierende Stiftungsrat setzte sich (mit Ausnahme des Präsidenten) stets aus Experten unterschiedlicher Disziplinen zusammen, die sich durch eine hohe Kompetenz aufgrund eigener Forschungserfahrung im In- und Ausland auf dem Gebiet der Migration auszeichneten. Aktuell besteht der Stiftungsrat aus folgenden Mitgliedern:

- *Walter J. Weber,* Präsident, Rechtsanwalt
- *Werner Haug,* Vizepräsident, ehemaliger Vizedirektor des Schweizer Bundesamts für Statistik und Direktor von UNFPA (United Nations Population Fund)
- *Georg Kreis,* Professor emeritus für Neuere Allgemeine Geschichte an der Universität Basel und ehemaliger Leiter des Europainstituts Basel
- *George Sheldon,* Professor emeritus für Ökonomie an der Universität Basel
- *Andreas Wimmer,* Professor für Soziologie und politische Philosophie an der Columbia University, New York

Ehemalige aktive Stiftungsratsmitglieder:

- *Hans-Joachim Hoffmann-Nowotny* † (1934–2004), Professor emeritus für Soziologie, Universität Zürich
- *Kurt Imhof* † (1956–2015), Vizepräsident, Professor für Publizistikwissenschaft und Soziologie an der Universität Zürich, Schweiz
- *Walter Kälin,* Professor emeritus für Völkerrecht an der Universität Bern
- *Hans-Peter Müller,* Professor emeritus für Ethnologie, Universität Zürich, Schweiz
- *Hans-Rudolf Wicker,* Professor emeritus für Ethnologie an der Universität Bern, Schweiz

Während mehr als 20 Jahren durfte ich als Stiftungsratspräsident der BMU mit grosser Achtung nicht nur die fachlichen, sondern auch menschlichen Qualitäten meiner Stiftungsratskollegen und ihren grossartigen Einsatz bei der Erarbeitung innovativer Forschungsthemen, Projektideen wie auch deren Umsetzung erfahren. Sie haben sich alle während vieler Jahre zuverlässig und aufopfernd in den Dienst der BMU gestellt, wofür ich ihnen ausserordentlich dankbar bin.

Zwei Persönlichkeiten haben bis zu ihrem Tod im Stiftungsrat mitgewirkt: Hans-Joachim Hoffmann-Nowotny, der «Vater der Migrationsforschung in der Schweiz»; und der leider zu früh und unerwartet verstorbene Kurt Imhof, mit dem ich während rund 20 Jahren den Stiftungsratsausschuss bildete, intensiv zusammenarbeiten durfte und eine enge Freundschaft entwickelte. Er war mit seinen immer wieder neuen und nicht selten unkonventionellen Ideen die treibende Kraft in der Entwicklung der BMU, und er gab letztlich auch den Impuls für die nun vorliegende Publikation.

Einen grossen Dank verdient last but not least auch Urs Watter. Er hat die BMU fast zwei Jahrzehnte lang als wissenschaftlicher Mitarbeiter in administrativen Bereichen unterstützt und die Bereiche Projektmanagement und -administration zuverlässig und mit grosser Fachkenntnis betreut.

1 Schweizerisches Forum für Migrations- und Bevölkerungsstudien (SFM), http://www.migration-population.ch, seit 2007 ein Institut der Universität Neuenburg (Zugriff 21. 2. 2017).
2 Europäisches Forum für Migrationsstudien (efms), http://www.efms.de (Zugriff 21. 2. 2017).
3 Kommission für Migrations- und Integrationsforschung (KMI), http://www.oeaw.ac.at/kmi (Zugriff 21. 2. 2017).
4 Berne Initiative (https://www.iom.int/berne-initiative, Zugriff 21. 2. 2017), Global Commission on International Migration (GCIM, https://www.iom.int/global-commission-international-migration, Zugriff 21. 2. 2017), Global Forum on Migration and Development (GFMD, http://www.gfmd.org, Zugriff 21. 2. 2017), UN High-level Dialogue on International Migration and Development, 2006 (http://www.un.org/migration, Zugriff 21. 2. 2017).
5 Metropolis International, http://www.international.metropolis.net (Zugriff 21. 2. 2017).
6 Central European Forum for Migration Research, http://www.cefmr.pan.pl (Zugriff 21. 2. 2017).
7 Polnish Academy of Sciences (PAS), http://www.igipz.pan.pl (Zugriff 21. 2. 2017).
8 International Organisation for Migration, http://iom.int (Zugriff 21. 2. 2017).
9 Migration Research Program at Koç University, https://mirekoc.ku.edu.tr (Zugriff 21. 2. 2017).
10 MiReKoc Publications, https://mirekoc.ku.edu.tr/publications/books/ (Zugriff 21. 2. 2017).
11 Migration internationale au Maroc (MIM-AMERM), http://amerm.ma/mim-amerm/ (Zugriff 21. 2. 2017).

Autorinnen und Autoren

Houria Alami Mchichi ist Professorin für Politikwissenschaften und Internationale Beziehungen. Ihr besonderes Interesse gilt der Migrationspolitik und der Migrationssituation von Frauen. Sie ist Mitglied des wissenschaftlichen Beirats des UNESCO-Lehrstuhls «Migration und Recht» an der Rechtswissenschaftlichen Fakultät von Casablanca. Von 2011 bis 2016 war sie Präsidentin der Association Marocaine d'Etudes et de Recherches sur les Migrations (AMERM) und von 2007 bis 2016 Leiterin des Forschungsprogramms MIM-AMERM über die internationale Migration von Marokkanern im Rahmen der Partnerschaft AMERM–Stiftung BMU. Sie leitete folgende Publikationen des Programms: *Les évolutions de la recherche sur les migrations au Maroc*, AMERM 2011; *Migrations internationales des Marocains et changement social,* Publisud 2016; *Migrations et crises contemporaines*, Publisud 2016. (hourialami@yahoo.fr).

Malika Benradi ist die erste marokkanische Frau mit einem staatlichen Doktortitel in Privatrecht (Toulouse 1981). Sie war Hochschullehrerin an den Rechtswissenschaftlichen Fakultäten von Fès und Rabat, am Institut Supérieur de la Magistrature und an der École de Gouvernance et d'Économie. Sie hielt Gastvorträge in Paris, dem Baker Institute Houston, der Harvard Law School, der Commission on the Status of Women in New York sowie vor dem europäischen und dem palästinensischen Parlament. Sie ist überdies u. a. Mitglied der Organisation Marocaine des Droits Humains (OMDH), ehemalige Präsidentin der Association Marocaine d'Etudes et de Recherches sur les Migrations (AMERM) und Leiterin des 5. Kongresses der Recherches Féministes Francophones. Zudem hat sie mehrere Werke zur Migrationsfrage veröffentlicht. (malikabenradi@yahoo.fr).

Jakub Bijak ist assoziierter Professor für Demografie an der Universität von Southampton und Empfänger des Allianz European Demographer Award (2015) sowie der Jerzy-Z.-Holzer-Medaille (2007). Er promovierte an der Warsaw School of Economics mit einer von der Stiftung BMU finanzierten Arbeit über Bayes'sche Migrationsprognosen. Als Demografiestatistiker arbeitet er zu demografischer Unsicherheit, Modellierung und Prognosen von Migrations- und Bevölkerungsprozessen sowie zur Demografie bewaffneter Konflikte. Von 2017–2021 wird Jakub Bijak das ERC-Projekt «Bayesian agent-based population studies» (BAPS) leiten, das sich auf innovative Migrationsmodelle fokussiert. (j.bijak@soton.ac.uk).

Sandro Cattacin ist Soziologieprofessor an der Universität Genf. Als Stadtsoziologe publiziert er zu Fragen des sozialen Zusammenhalts und der Vulnerabilität. Er war unter anderem Professor in Sozialpolitik am IDHEAP in Lausanne, in Regional- und Stadtpolitik an der Universität Konstanz und in Migrationssoziologie an der Universität Neuchâtel. Zwischen 1999 und 2004 leitete er das Schweizerische Forum für Migrations- und Bevölkerungsstudien in Neuchâtel. Publikationen auf http://unige.academia.edu/SandroCattacin (sandro.cattacin@unige.ch).

Janine Dahinden ist Professorin für transnationale Studien und Direktorin des Maison d'analyse des processus sociaux (MAPS) an der Universität Neuchâtel. Sie studierte an der Universität Zürich und promovierte an der Universität Bern. Sie war Projektleiterin und Mitglied der Direktion des Schweizerischen Forums für Migrations- und Bevölkerungsstudien (SFM). Ihre Forschungsinteressen sind: transnationale Prozesse, soziale Netzwerke, internationale Mobilität und Migration, Ethnizität, Religion und Gender. Zurzeit forscht sie unter anderem im Rahmen des NCCR-on the move. (janine.dahinden@unine.ch).

Gianni D'Amato, Prof. Dr., ist Professor für Migration und Staatsbürgerschaft an der Universität Neuchâtel und Direktor des Schweizerischen Forums für Migrations- und Bevölkerungsstudien (SFM). Zu den Arbeitsschwerpunkten des Politologen zählen Migrationsgeschichte, Bürgergesellschaft, nationale Identitäten und soziale Bewegungen. Er ist Mitglied des Sachverständigenrats deutscher Stiftungen für Integration und Migration (SVR) und zudem Leiter des Nationalen Forschungsschwerpunkts zu Migration und Mobilität (nccr-onthemove.ch). (gianni.damato@unine.ch).

Denise Efionayi-Mäder, Soziologin und Diplompolitologin, arbeitet als Projektleiterin und Vizedirektorin am Schweizerischen Forum für Migrations- und Bevölkerungsstudien (SFM) der Universität Neuchâtel. Zu ihren Spezialgebieten gehören neben Flüchtlings- und Migrationspolitik sozial- und integrationspolitische Fragestellungen. Sie hat verschiedene nationale und international vergleichende Studien geleitet und Evaluationen in den Bereichen Gesundheit und Bildung durchgeführt. (denise.efionayi@unine.ch).

Werner Haug, Dr. phil., war verantwortlich für die Bevölkerungs- und Sozialstatistik der Schweiz im Bundesamt für Statistik, Lehrbeauftragter an der Universität Genf und Präsident der Expertengruppe des Nationalen Forschungsprogramms 39 «Migration und interkulturelle Beziehungen». Von 2008 bis 2014 war er Direktor des Bevölkerungsfonds der Vereinten Nationen in New York und Istanbul. Heute arbeitet er als Konsulent für Bevölkerung und Entwicklung. Publikationen zu Fragen der Demografie, Migration und Entwicklungspolitik. (haug.werner@gmail.com).

Friedrich Heckmann, Professor emeritus für Soziologie, Co-Leiter des Europäischen Forums für Migrationsstudien (efms), Institut an der Universität Bamberg. Studium der Soziologie, Geschichte und Volkswirtschaftslehre in Münster, Kiel, Lawrence (USA) und Erlangen-Nürnberg. Arbeitsgebiete: Soziologie interethnischer Beziehungen und der Migration, Migrantenintegration, Sozialstruktur Deutschlands, Sozialisationsforschung, soziologische Theorie. Politikberatung und gutachterliche Tätigkeit im Bereich Migration und Integration für Bundestag, Bundesregierung, Landesregierungen, EU-Kommission, Kommunen, Verbände und gesellschaftliche Organisationen. Neueste Publikation: *Integration von Migranten. Einwanderung und neue Nationenbildung,* Wiesbaden 2015. (friedrich.heckmann@uni-bamberg.de).

Walter Kälin, Dr. iur. (Bern), LL.M. (Harvard), Professor emeritus für Staats- und Völkerrecht an der juristischen Fakultät der Universität Bern. Vertreter der Präsidentschaft der Nansen Initiative zu grenzüberschreitender Katastrophenvertreibung (2012–2015) und Berater der Plattform für Katastrophenvertreibung (seit 2015). Mitglied des UNO-Menschenrechtsausschusses (2003–2008 und 2012–2014) und Vertreter des UNO-Generalsekretärs für die Menschenrechte von Binnenvertriebenen (2004–2010). (walter.kaelin@oefre.unibe.ch).

Kemal Kirişci ist TÜSİAD Senior Fellow und Leiter des Zentrums für das Türkeiprojekt der Vereinigten Staaten und Europas bei der Brookings Institution; seine Fachgebiete sind türkische Aussenpolitik und Migrationsstudien. Bevor er zur Brookings Institution kam, war er Professor für internationale Beziehungen im Departement Politikwissenschaften und internationale Beziehungen an der Boğaziçi-Universität in Istanbul. Zu seinen Forschungsgebieten gehören: Beziehungen EU-Türkei und USA-Türkei, türkische Aussen- und Handelspolitik, europäische Integration, ethnische Konflikte sowie Flüchtlingsströme. Sein jüngstes Buch (mit Elizabeth Ferris) ist *The Consequences of Chaos: Syria's Humanitarian Crisis and the Failure to Protect* (2015). Weitere Publikationen von ihm siehe: http://www.brookings.edu/experts/kiriscik (kkirisci@brookings.edu).

Georg Kreis, akademische Ausbildung in Basel, Paris und Cambridge (UK), emeritierter Professor für Neuere Allgemeine Geschichte an der Universität Basel, bis August 2011 Direktor des interdisziplinären Europainstituts Basel. 1993–2011 Präsident der Eidgenössischen Kommission gegen Rassismus. Mitglied verschiedener Historikerkommissionen und Mitwirkung in zahlreichen Forschungsprogrammen. Arbeiten zur schweizerischen Flüchtlingspolitik der Jahre 1933 bis 1945 und zur Fremdenpolitik 1945 bis zur Gegenwart. (georg.kreis@unibas.ch).

Dorota Kupiszewska ist selbstständige Konsulentin. Davor war sie Principal Research Fellow bei der Internationalen Organisation für Migration und früher Research Fellow an der Universität Leeds. Bei der IOM arbeitete sie an und leitete Forschungsprojekte(n) zu den Themen Migration und Demografie im Rahmen des Central European Forum for Migration and Population Research (CEFMR). Sie ist Expertin für Bevölkerungs- und Migrationsstatistiken und -modellierungen. (d.kupisz@twarda.pan.pl).

Marek Kupiszewski ist Geografieprofessor am Institut für Geografie und Raumplanung der Polnischen Akademie der Wissenschaften. Zuvor war er Gründungsdirektor des Central European Forum for Migration and Population Research (CEFMR) und Gründungsleiter des IOM-Büros in Warschau, Dozent und Principal Research Fellow an der Universität Leeds. Er hat internationale Organisationen, die polnische Regierung und das polnische Parlament beraten. Er ist Autor oder Mitautor von über 150 Publikationen. Seine derzeitigen Forschungsschwerpunkte sind Bevölkerungsmodelle und Migration. (m.kupisz@twarda.pan.pl).

Jochen Oltmer, Dr. phil. habil., ist Apl. Professor für Neueste Geschichte und Mitglied des Vorstands des Instituts für Migrationsforschung und

Interkulturelle Studien (IMIS) der Universität Osnabrück. Beiträge zur Geschichte der Migration zuletzt u. a.: (Hg.), *Handbuch Staat und Migration in Deutschland vom 17. Jahrhundert bis zur Gegenwart*, Berlin/Boston: de Gruyter 2016; *Migration vom 19. bis zum 21. Jahrhundert*, 3., überarb. und aktualisierte Aufl. Berlin/Boston: de Gruyter 2016; *Globale Migration. Geschichte und Gegenwart*, 3., überarb. und aktualisierte Aufl. München: C. H. Beck 2016. (joltmer@uni-osnabrueck.de).

Etienne Piguet ist Professor für Humangeografie an der Universität Neuchâtel. Er forscht zu den Zusammenhängen zwischen Migration und Umweltveränderungen, Migrationspolitik und Flüchtlingen. Derzeit leitet er ein Forschungsprojekt über die internationale Mobilität von Studierenden und wirkt am Intergovernmental Panel on Climate Change (IPCC/GIEC) mit. Er ist Vizepräsident der Eidgenössischen Kommission für Migrationsfragen (EKM). Auf der Website der Zeitschrift *L'Hebdo* führt er den Blog «Politique migratoire». Twitter: @EtiennePiguet. Er ist unter anderem Autor von *Einwanderungsland Schweiz,* Bern: Haupt. (etienne.piguet@unine.ch).

George Sheldon, emeritierter Professor für Nationalökonomie und Leiter der Forschungsstelle für Arbeitsmarkt- und Industrieökonomik (FAI) am Wirtschaftswissenschaftlichen Zentrum (WWZ) der Universität Basel. Studium am Dartmouth College (A. B. in Germanistik), an der Albert-Ludwigs-Universität in Freiburg im Breisgau (Diplom-Volkswirt, Dr. rer. pol.) und an der Universität Basel (Habilitation). Vormaliges Mitglied von Expertenkommissionen zur Revision des Arbeitslosenversicherungsgesetzes, des Berufsbildungsgesetzes und des Ausländergesetzes. (george.sheldon@unibas.ch).

Verónica Tomei, Dr. phil. Von 1994 bis 1999 Referentin für europäische und vergleichende Migrationspolitik am Europäischen Forum für Migrationsstudien (efms), Bamberg. Seit 1999 EU-Beamtin am Europäischen Wirtschafts- und Sozialausschuss in Brüssel, Positionen in den Bereichen Allgemeine Angelegenheiten, interinstitutionelle Beziehungen, nachhaltige Entwicklung. Gegenwärtig beurlaubt und als Referentin für Europa und Internationales in der Geschäftsstelle des deutschen Rates für Nachhaltige Entwicklung tätig. (verotomei@web.de).

Andreas Wimmer ist Professor für Soziologie und politische Wissenschaften an der Columbia-Universität in New York. Er lehrte zuvor in Princeton, der University of California Los Angeles, Bonn, Neuchâtel und Zürich. Seine letzten beiden Bücher sind: *Waves of War. Nationalism, State Formation, and Ethnic Exclusion in the Modern World* (Cambridge University Press 2013) und *Ethnic Boundary Making. Institutions, Power, Networks* (Oxford University Press 2013). 2017 wird *Nation Building. Why Some Countries Came Together While Others Fell Apart* bei Princeton University Press erscheinen. (andreas.wimmer@columbia.edu).